EMOTIONALE INTELLIGENZ

DER HERZSCHLAG ERFOLGREICHER FÜHRUNG

Emotionale Intelligenz

Der Herzschlag erfolgreicher Führung.
Ein Praxisleitfaden zum Steigern Ihrer Sozialkompetenz, Empathie und Selbstbewusstsein – für erfolgreiche Beziehungen und Karriere

Lars Hesterkamp

Impressum

Titel: Emotionale Intelligenz
Autor: Lars Hesterkamp

Erste Auflage

ISBN: 978-3-98935-176-9

Veröffentlicht von
Lucid Page Media (ein Imprint der Orbita Media GmbH)
Ericusspitze 4
20457 Hamburg

kontakt@lucidpagemedia.de
www.lucidpagemedia.de

Umschlagabbildung: © Shutterstock

Inhalt

Emotionale Intelligenz - unterschätzte Fähigkeit

„Wahre Intelligenz ist die Fähigkeit des Verstandes, die Weisheit des Herzens zu achten.“
– Pat Rodegast –

Es gibt Menschen auf dieser Welt, die halten emotionale Intelligenz für die wichtigste Form der Intelligenz und sind der Meinung, dass im Leben ein hoher IQ allein nicht ausreicht, vor allem nicht bei der Arbeit. Technisches Wissen ist daher für den Erfolg nicht so ausschlaggebend wie Soft Skills, also persönliche Eigenschaften, Charakterzüge und Verhaltensweisen. Wenn Sie sich auch von Ihren Emotionen leiten lassen und diese bei Ihnen die Oberhand haben, werden Sie bestimmt schon einmal etwas von der emotionalen Intelligenz gehört haben.

Bis heute wird der emotionalen Intelligenz leider noch nicht genügend Aufmerksamkeit geschenkt, wie sie eigentlich verdient. Dies gilt im beruflichen Bereich noch mehr als im privaten. Doch immer mehr Menschen greifen auf emotionale Intelligenz zurück, um ihrem Leben eine neue Richtung zu geben. Sie fragen sich vielleicht, warum emotionale Intelligenz jeden Bereich Ihres Lebens begleiten sollte. Machen Sie sich hin und wieder Gedanken darum, dass Sie sich als Mensch „vollständig“ fühlen möchten? Doch was ist eigentlich mit dem Begriff „vollständig“ gemeint? Menschen gelten als „vollständig“, wenn sie, neben dem intellektuellen Potenzial, auch die emotionalen Potenziale im Leben einbringen. Allerdings sind die meisten Menschen nicht sonderlich gut darin, die emotionale Intelligenz auszuleben. Dies ist nicht überraschend, da wir in einer Zeit leben, in der die Intelligenz und deren Rolle in unserem Leben immer noch zu sehr im Rampenlicht stehen.

Die Situation hat sich jedoch geändert, da immer mehr Menschen mit ihrem Job, ihren Freunden und sogar ihrer Familie unzufrieden sind. Auf den ersten Blick ist nicht klar, was die Ursache dafür sein könnte. Doch es sind die Emotionen und Gefühle, die unseren Weg manchmal blockieren oder uns einfach davon abhalten, das zu bekommen, was wir verdienen.

Damit vor allem Sie die Fähigkeit wiedererlangen, Emotionen und Gefühle zu Ihrem eigenen Vorteil zu nutzen, anstatt ständig im Chaos, verursacht von Emotionen, festzustecken, haben Sie diesen Ratgeber vor Augen. Sie werden Schritt für Schritt in die emotionale Intelligenz eingeführt und erhalten Einblicke in die verschiedenen Zweige, die aus der emotionalen Intelligenz hervorgehen. Sie erhalten ein umfangreiches Wissen darüber, wie Sie die emotionale Intelligenz in beruflichen, aber auch in privaten Bereichen anwenden, um bestmöglich von dieser zu profitieren. Mit verschiedenen Übungen und Praxisbeispielen und auch noch einem Workbook können Sie das Wissen, das Sie erlangen, noch verfestigen, damit auch Sie Ihrem Leben eine neue Richtung geben und schlussendlich das anziehen, was Sie möchten und vor allem auch verdienen.

Viel Spaß beim Lesen, Vertiefen und Anwenden.

Kapitel 1: Einführung in die emotionale Intelligenz

Die beiden US-amerikanischen Psychologen John D. Mayer (** 6. Dezember 1953*) und Peter Salovey (** 21. Februar 1958*) entwickelten gemeinsam im Jahr 1990 das Konzept der emotionalen Intelligenz. Dieses richtet sich nach der **Theorie der multiplen Intelligenzen**, die von Howard Gardner (** 11. Juli 1943*), einem amerikanischen Erziehungswissenschaftler, in den 1980er-Jahren aufgestellt wurde. Die Theorie der multiplen Intelligenz besagt, dass individuelle Fähigkeiten, die über den Erfolg in verschiedenen Lebensbereichen entscheiden, nicht allein durch klassische Intelligenztests erkannt werden können. Gardner ist der Überzeugung, dass jeder Mensch verschiedene Intelligenzarten besitzt, die ein IQ-Test nicht messen kann, da ausschließlich sprachliche und logisch-mathematische Intelligenzen getestet werden, die sich an jene Lerninhalte lehnen, die von Schulen vermittelt werden. Aus diesem Grund unterbreitete er den Schulen in seinem Buch „The Unschooled Mind" Vorschläge, wie diese ihre Schüler lehren sollten, Fähigkeiten zu erkennen und auch entsprechend zu fördern. Die verschiedenen Intelligenzarten, von denen Gardner spricht, sind:

- sprachliche-linguistische Intelligenz
- logisch-mathematische Intelligenz
- bildlich-räumliche Intelligenz
- musikalisch-rhythmische Intelligenz
- körperlich-kinästhetische Intelligenz
- naturalistische Intelligenz
- interpersonale Intelligenz
- intrapersonale Intelligenz

Die **sprachliche-linguistische Intelligenz** versteht die Fähigkeit, die Sprache sensibel und sinnhaft zu gebrauchen und entsprechend einzusetzen. Sei es Lesen, Sprechen oder Schreiben. Auch das Erlernen neuer Sprachen gehört zu dieser Intelligenz. Hierzu zählen Schriftsteller und erfolgreiche Rechtsanwälte.

Bei der **logisch-mathematischen Intelligenz** können Probleme logisch analysiert und Operationen mathematisch durchgeführt werden. Doch auch wissenschaftliche Fragen werden untersucht. Ausgeprägt ist diese Intelligenz vor allem bei Mathematikern, Programmierern und Logikern. Es kann schon fast beängstigend sein, wenn diese Menschen ein Problem, noch bevor es zur Sprache gekommen ist, erfolgreich lösen. Sie werden alle Arten von Rätseln lösen und Logik ist ein wesentlicher Bestandteil ihres Lebens. Alle Arten von Berechnungen werden selbstverständlich durchgeführt und gelöst.

Ist die **musikalisch-rhythmische Intelligenz** bei einer Person besonders ausgeprägt, besitzt dieser die Fähigkeit, Musik zu komponieren und auszuüben. Musik ist dessen Leben und die unterschiedlichsten Formen der Musik begeistern diesen Menschen.

Zur **bildlich-räumlichen Intelligenz** gehören vor allem Chirurgen, Architekten und Ingenieure, da diese eng begrenzte Raumfelder, aber auch die Struktur von größeren Räumen besser erfassen können. Während die meisten Menschen zweidimensional denken, können Menschen mit dieser ausgeprägten Intelligenz dreidimensional denken.

Tänzer, Sportler und Handwerker gehören zu den Personen mit besonders ausgeprägter **körperlich-kinästhetischer Intelligenz**. Sie besitzen die Fähigkeit, ihren Körper und die Körperteile präzise zur Gestaltung einzusetzen, um Gefühle und Ideen auszudrücken. Es ist völlig normal, dass diese Menschen mit den Händen sprechen und gegebenenfalls mit dem Rest ihres Körpers. Gestik und Mimik werden aus der Umgebung übernommen und sofort nachgeahmt. Diese Menschen brauchen Bewegung. Ohne Bewegung verlieren sie einen sehr wichtigen Teil ihres Lebens.

Die **naturalistische Intelligenz** besitzt die Fähigkeit, eine Sensibilität für Naturphänomene zu entwickeln, diese zu beobachten und auch voneinander zu unterscheiden. Vor allem Spezialisten für die Umwelt und Naturforscher machen davon Gebrauch. Diese Menschen konzentrieren sich auf jegliche Umweltthemen, Tiere und Pflanzen sowie deren Erhaltung und Schutz. Schon als Kinder genießen sie Outdoor-Aktivitäten wie Wandern und Zelten. Die Tierpflege, das Verständnis für Tiere und Natur, Umweltthemen und insbesondere Recycling haben für sie schon immer oberste Priorität.

Die **interpersonale Intelligenz** kann mit der Empathie verglichen werden, da diese die Fähigkeit besitzt, Gefühle, Emotionen und Stimmungen eines Gegenübers zu verstehen. Menschen mit dieser ausgeprägten Intelligenz sind vor allem in Heilberufen zu finden.

Das Gegenstück der interpersonalen Intelligenz ist die **intrapersonelle Intelligenz**, da es hier um die eigenen Gefühle, Emotionen sowie Stimmungen und das Verstehen dieser geht. Die intrapersonelle Intelligenz ist stark bei denen ausgeprägt, die sich selbst am besten kennen. Selbstständiges Arbeiten konnte bereits in der Kindheit beobachtet werden und zieht sich durch das ganze Leben. Diese Menschen wissen, wie man sich Ziele setzt und die ganze Energie darauf verwendet, diese Ziele auch zu erreichen. Sowohl Stärken als auch Schwächen sind bekannt und können im Alltag optimal eingebracht werden.

Diese letzten beiden Arten der Intelligenz sind die Grundbausteine für die Emotionale Intelligenz.

Die Geschichte der emotionalen Intelligenz

Die emotionale Intelligenz erlangte erstmals Popularität durch den US-amerikanischen Psychologen und Bestsellerautor Daniel Goleman (* *7. März 1946*). Er widmete diesem Thema 1995 ein ganzes Buch, wodurch er eine weltweite Bekanntheit erlangte. Im Wesentlichen stellt die emotionale Intelligenz die Intensität von Emotionen dar. In seinem Bestseller ging der Autor sogar so weit, ihn mit dem IQ, also dem Intelligenzquotienten, gleichzusetzen. Einerseits ist ihm Intelligenz im klassischen Sinne des Wortes, also zielgerichtetes und rationales Handeln, sehr wichtig, doch auch die emotionale Intelligenz, also das Wahrnehmen der eigenen und fremden Emotionen, hat für ihn eine große Bedeutung.

Der US-Psychologe beschreibt die emotionale Intelligenz als „die Fähigkeit, die eigenen Emotionen und die Emotionen anderer Menschen zu erkennen. Uns selbst zu motivieren und mit Emotionen in uns selbst und in unseren Beziehungen umzugehen". (https://karrierebibel.de/emotionale-intelligenz/)

Goleman zählt hierzu zwölf Fähigkeiten. Diese können in vier Gruppen unterteilt werden:

Selbstwahrnehmung

Dazu gehört die Fähigkeit, Ihre eigenen Gefühle und Stimmungen zu verstehen und zu erkennen, wie diese sich auf die Menschen um Sie herum auswirken. Es ist eine Form der Selbsterkenntnis und bedeutet, sich seiner Stärken und Schwächen bewusst zu sein. Im Bereich der emotionalen Intelligenz geht es bei der Selbstwahrnehmung darum, das eigene Handeln objektiv zu sehen.

Fähigkeit:

- Emotionale Selbstwahrnehmung

Soziales Bewusstsein

Das soziale Bewusstsein ist die womöglich stärkste Form emotionaler Intelligenz. Empathie ist die Fähigkeit, sich (emotional) in die Lage eines anderen zu versetzen. Der Satz „Ich verstehe dich!" ist entscheidend, um Vertrauen und Verständnis zu erlangen. Auf der Arbeitsebene hilft Empathie bei der Lösung möglicher Konflikte oder sorgt für kundenfreundliches Handeln.

Fähigkeit:

- Empathie
- Organisationsbewusstsein

Selbstmanagement
Sind Sie ein Mensch mit dieser Fähigkeit, können Sie kontrolliert und nicht impulsiv auf schlechte Laune, Wünsche oder Impulse reagieren. Dies gilt insbesondere für starke Emotionen wie Wut, Angst oder Rache. Beruflich gesehen bedeutet Selbstmanagement auch, dass zuerst eine dringende Arbeit erledigt wird, bevor die Kaffeepause stattfindet.

Fähigkeit:

- Optimismus
- Leistungsorientierung
- Anpassungsfähigkeit
- Emotionale Selbstkontrolle

Beziehungsmanagement
Dieser Punkt schließt sich an den vorherigen Punkt an. Er bezieht sich auf die Fähigkeit, soziale Beziehungen aufzubauen und aufrechtzuerhalten. Dies ist besonders wichtig, wenn Sie online arbeiten. Aber es zeigt auch Führungsqualitäten. Beziehungen zu managen, bedeutet auch, sich engagiert für bestimmte Ziele einzusetzen und dabei sich selbst immer wieder neu anzuspornen. Dies ist besonders wichtig, wenn die Dinge nicht wie geplant verlaufen. Die Fähigkeit, sich selbst anzustrengen, bedeutet eine größere Toleranz gegenüber Enttäuschungen und damit mehr Energie und Ausdauer, als es weniger emotionale Menschen besitzen.

Fähigkeit:

- Inspirierende Führung
- Teamwork
- Coach und Mentor
- Einfluss
- Konfliktmanagement

Laut Goleman sind Menschen mit hoher emotionaler Intelligenz diejenigen, die flexibel, anpassungsfähig, selbstbewusst und produktiv sind, um ihre Ziele zu erreichen. Sie sind außerdem belastbar und erholen sich schnell von Stress. Das Leben verläuft viel „reibungsloser", wenn Sie über eine hohe emotionale Intelligenz verfügen.

Eine hohe emotionale Intelligenz zeigt immer emotionale und mentale Stärke. Bis hin zur sogenannten Resilienz – der Fähigkeit, schwere Krisen und Schicksalsschläge sowie emotionale Achterbahnfahrten souverän zu meistern.

Beispiel:
Auf der Arbeit hatten Sie heute einen schlechten Tag. Durch ein Vorkommnis fühlen Sie sich nicht gut behandelt und sind sehr wütend. Doch Ihre emotionale Intelligenz ist sehr ausgeprägt, daher lassen Sie das Abendessen aus und gehen stattdessen einer sportlichen Betätigung nach, denn Sie möchten Ihre Lieben nicht mit Ihrer Laune belasten. Dank des Sports kanalisieren Sie Ihre Wut und können Ihre Gedanken neu sortieren. Sie fühlen sich daraufhin schon viel besser. Sie wissen also, mit Emotionen umzugehen, und können diese in die richtige Bahn lenken.

Unterschied „IQ“ und „EQ“:
Der IQ ist ein Maß für die Intelligenz eines Menschen, ausgedrückt als Zahlenwert. Das logische und rationale Potenzial einer Person wird mithilfe eines Tests erfasst und somit die Höhe der Intelligenz angegeben. Während der IQ die kognitiven Kompetenzen misst, gibt der EQ das Maß an Selbstvertrauen, Empathie, Teamfähigkeit, Kommunikationsfähigkeit und viele andere Qualitäten an.

Der IQ beschreibt unsere Fähigkeiten, während der EQ uns sagt, ob und wie wir sie ausführen können.

Definition und Konzept der emotionalen Intelligenz

Emotionen gehören zur menschlichen Natur und können nicht einfach so eliminiert werden. Jeder einzelne Mensch hat seine ganz eigene Art, mit seinen Emotionen umzugehen. Bei dem Begriff emotionale Intelligenz geht es einerseits darum, die eigenen Emotionen zu erkennen und zu verstehen, aber auch darum, dass diese erkannt und zum Ausdruck gebracht werden. Andererseits müssen die Gefühle anderer erkannt und verstanden werden, sodass Handlungen daraus abgeleitet werden können. Abgekürzt wird emotionale Intelligenz häufig mit „EQ“, also „Emotionaler Quotient“.

Die emotionale Intelligenz beinhaltet folgende Kriterien:

- Empathie
- Höflichkeit
- Kommunikationsfähigkeit
- Menschlichkeit
- Mitgefühl
- Selbstbewusstheit
- Taktgefühl
- Teamfähigkeit

Die emotionale Intelligenz ähnelt der Empathie, geht aber noch etwas weiter. Insbesondere Empathie ist nur ein Teil der emotionalen Intelligenz. Wer über emotionale Intelligenz verfügt, kann die Emotionen anderer Menschen nicht nur wahrnehmen, sondern auch angemessen darauf reagieren.

Definition:
Unter emotionaler Intelligenz wird die Fähigkeit verstanden, sich der eigenen und fremden Emotionen bewusst zu sein, sie zu verstehen und sie somit beeinflussen und nutzen zu können.

Wie bereits erwähnt, wurde der Terminus „Emotionale Intelligenz“ von den beiden Psychologen John D. Mayer und Peter Salovey geprägt. Sie unterschieden dabei vier Kompetenzen.

- Wahrnehmung von Emotionen
- Verstehen von Emotionen
- Beeinflussung von Emotionen
- Nutzung von Emotionen

Wahrnehmen von Emotionen

Der erste Schritt, um überhaupt mit Emotionen zu arbeiten und auf diese eingehen zu können, erfolgt mit der Wahrnehmung. Beim Gegenüber verhilft die richtige Interpretation von Mimik und Gestik, während es bei Ihnen wichtig ist, den Fokus auf das Innere zu richten. Wie fühlen Sie sich gerade in diesem Moment? Sind Sie traurig, wütend oder glücklich und zufrieden?

Das folgende Beispiel kann Ihnen diesen Prozess noch weiter verdeutlichen.

Beispiel:
Sie unterhalten sich mit einem Kollegen über die gestrigen Nachrichten, dabei fällt Ihnen auf, dass Ihr Kollege während dieser Diskussion seine Stimme immer weiter erhebt und verstärkt mit den Armen gestikuliert. Sie besitzen daher die Fähigkeit, die Emotionen bei Ihrem Kollegen wahrzunehmen. Bei sich selbst können Sie ebenfalls Ihre Emotionen wahrnehmen, denn Sie spüren eine wachsende Wut und eine innerliche Verkrampfung.

Verstehen von Emotionen

Situationen lösen unterschiedliche Emotionen aus. Daher müssen Emotionen auch in Bezug auf eine bestimmte Gegebenheit richtig gewertet werden. Auch die Beurteilung, ob die Emotionen anderer Menschen von Ihnen oder den Menschen selbst verursacht werden, gehört zur emotionalen Intelligenz.

Das eben genannte Beispiel mit dem Kollegen kann auch zum Verständnis von Emotionen verwendet werden.

Beispiel:
Sie konnten anhand der Mimik und Gestik bei Ihrem Kollegen erkennen, dass dieser wütend ist, wissen aber auch gleichzeitig, dass die gestrigen Nachrichten bei Ihrem Kollegen diese Gefühle auslösten und in keiner Weise diese sich gegen Sie richten oder gar durch Sie verursacht wurden.

Beeinflussung von Emotionen

Sobald Emotionen registriert und verstanden werden, ist es möglich, sie zu beeinflussen. Dies gilt sowohl für Ihre eigenen Gefühle als auch für die Gefühle anderer. Die sogenannte Selbstregulierung oder der bewusste Umgang mit Ihren Emotionen hilft Ihnen, nicht von Ihren eigenen Emotionen unterdrückt zu werden. Unser Beispiel zeigt auch, wie sich der Einfluss der eigenen Emotionen auf die Emotionen anderer auswirken kann. Dadurch können Sie die Emotionen anderer positiv beeinflussen.

Beispiel:
Da Sie wussten, dass die Gefühle Ihres Kollegen nicht auf Sie gerichtet waren, waren Sie in der Lage, Ihre eigene Wut unter Kontrolle zu bringen. Sie wussten, dass eine lebhafte Diskussion nicht zu einem guten Ergebnis führen kann, sondern die sowieso schon angespannte Situation nur noch verschärft. Sie selbst blieben deshalb ruhig und versuchten, Ihren Kollegen etwas zu beruhigen. Dieser stellte fest, dass Sie entspannt und bodenständig mit ihm sprechen und er konnte sich dadurch entspannen. Somit kehrte das Gespräch auf neutrales Gebiet zurück.

Nutzung von Emotionen

Emotionen können nicht nur beeinflusst, sondern auch genutzt werden. Indem Sie Ihre eigenen Gefühle verstehen, können Sie lernen, wie Sie anderen in einer bestimmten Situation am besten helfen können und was Sie bei der Kommunikation mit anderen beachten sollten, um insgesamt gut zusammenzuarbeiten. Emotionen können auch zur Erreichung anderer Ziele genutzt werden, wie das folgende Beispiel zeigt:

Beispiel:
Da Sie selbst wissen, wie Sie mit Ihrer Wut am besten umgehen können, sind Sie fähig, die Gefühle von Ihrem Kollegen positiv zu beeinflussen. Sie wissen auch, dass Wut ein guter Motivator ist, und schlugen Ihrem

Kollegen deshalb vor, sich politisch selbstständig zu engagieren und mit einer humanitären Organisation zusammenzuarbeiten. Ihr Kollege wollte den Vorschlag nun überdenken. Nachdem Ihr Kollege am Ende des Treffens immer noch etwas nervös war, gaben Sie ihm den Tipp, die Wut durch Sport zu kanalisieren und abzubauen.

Die emotionale Intelligenz deckt ein großes Kompetenzspektrum ab und ist ein Oberbegriff für eine Reihe von Fähigkeiten.

Besonders oft erwähnt werden:

- Menschenkenntnis
- Soziale Kompetenz
- Kommunikationsfähigkeit
- Intuition
- Neugier

Zur Erklärung:

Menschenkenntnis

Personen mit einer hohen emotionalen Intelligenz sind in der Lage, andere Menschen rasch einzuschätzen. Mimik, Gestik und Körpersprache helfen dabei der Beurteilung.

Soziale Kompetenz

Die soziale Kompetenz ist die Fähigkeit, Beziehungen zu Fremden aufzubauen oder Beziehungen zu Bekannten und Freunden aufrechtzuerhalten. Weiterhin ist es ein Leichtes, die eigenen Ziele mit den Einstellungen und Werten einer Gruppe in Einklang zu bringen. Dazu gehört ein Gespür für Zusammenarbeit ebenso wie konstruktive Kritik.

Kommunikationsfähigkeit

Die Fähigkeit, aktiv zuzuhören und die eigene Botschaft zu präsentieren oder die Botschaften anderer klar und eindeutig zu interpretieren.

Intuition
Betroffene hören auf ihre unerbittliche Intuition. Allerdings treffen sie ihre Entscheidungen nicht ausschließlich auf der Grundlage von Gefühlen. Sie greifen jedoch auf unbewusst gespeicherte Informationen zu.

Neugier
Zu dieser Eigenschaft gehört die Bereitschaft, sich von etwas Neuem überraschen, begeistern oder faszinieren zu lassen. Es hat sich gezeigt, dass diese Eigenschaft die Kreativität fördert.

Um die eigene emotionale Intelligenz herauszufinden, eignen sich spezielle Tests zur Durchführung. Diese sogenannten Tests zur emotionalen Intelligenz messen die Fähigkeit einer Person, ihre eigenen und die Emotionen anderer zu erkennen und diese Informationen in ihr Verhalten und ihre Worte vor anderen zu integrieren. Möchten Sie einmal selbst Ihre eigene emotionale Intelligenz testen, sind Sie eingeladen, den nachfolgenden Test durchzuführen.

Um ein gänzliches Bild Ihrer emotionalen Intelligenz zu erhalten, beantworten Sie jede Frage wahrheitsgemäß und zählen Sie am Schluss die Punkte jeder dazugehörigen Antwort zusammen.

EQ-Test

Frage 1: Wie geduldig sind Sie?
Ich bin immer geduldig. (3 Punkte)
Ich bin meistens geduldig. (2 Punkte)
Ich bin nie geduldig. (1 Punkt)

Frage 2: Verstehen Sie den Grund Ihrer Gefühle?
Ich verstehe immer den Grund meiner Gefühle. (3 Punkte)
Ich verstehe meistens den Grund meiner Gefühle. (2 Punkte)
Ich verstehe nie den Grund meiner Gefühle. (1 Punkt)

Frage 3: Sehen Sie in jedem Menschen das Gute?
Ich sehe immer das Gute in jedem Menschen. (3 Punkte)
Ich sehe meistens das Gute in jedem Menschen. (2 Punkte)
Ich sehe nie das Gute in jedem Menschen. (1 Punkt)

Frage 4: Versuchen Sie stets, sich in andere hineinzuversetzen, um zu verstehen, warum diese Menschen so handeln?
Ich versuche, mich immer in andere hineinzuversetzen. (3 Punkte)
Ich versuche, meistens mich in andere hineinzuversetzen. (2 Punkte)
Ich versuche, mich nie in andere hineinzuversetzen. (1 Punkt)

Frage 5: Sind Sie zuversichtlich?
Ich bin immer zuversichtlich. (3 Punkte)
Ich bin meistens zuversichtlich. (2 Punkte)
Ich bin nie zuversichtlich. (1 Punkt)

Frage 6: Können Sie Ihre Gefühle detailliert und differenziert wiedergeben?
Ich kann meine Gefühle immer detailliert und differenziert wiedergeben. (3 Punkte)
Ich kann meine Gefühle meistens detailliert und differenziert wiedergeben. (2 Punkte)
Ich kann meine Gefühle nie detailliert und differenziert wiedergeben. (1 Punkt)

Frage 7: Können Sie gut mit Stress umgehen?
Ich kann immer mit Stress umgehen. (3 Punkte)
Ich kann meistens mit Stress umgehen. (2 Punkte)
Ich kann nie mit Stress umgehen. (1 Punkt)

Frage 8: Konzentrieren Sie sich auf Chancen als auf Hindernisse?
Ich konzentriere mich immer auf Chancen als auf Hindernisse. (3 Punkte)
Ich konzentriere mich meistens auf Chancen als auf Hindernisse. (2 Punkte)
Ich konzentriere mich nie auf Chancen, sondern auf Hindernisse. (1 Punkt)

Frage 9: Bleiben Sie unter Druck ruhig?
Ich bleibe immer unter Druck ruhig. (3 Punkte)
Ich bleibe meistens unter Druck ruhig. (2 Punkte)
Ich bleibe nie unter Druck ruhig. (1 Punkt)

Frage 10: Können Sie das Verhalten beeinflusst durch Gefühle und Erfahrungen nachvollziehen?
Ich kann das Verhalten immer nachvollziehen. (3 Punkte)

Ich kann das Verhalten meistens nachvollziehen. (2 Punkte)
Ich kann das Verhalten nie nachvollziehen. (1 Punkt)

Frage 11: Blicken Sie optimistisch in die Zukunft?
Ich blicke immer optimistisch in die Zukunft. (3 Punkte)
Ich blicke meistens optimistisch in die Zukunft. (2 Punkte)
Ich blicke nie optimistisch in die Zukunft. (1 Punkt)

Frage 12: Können Sie Ihre Impulse kontrollieren?
Ich kann meine Impulse immer kontrollieren. (3 Punkte)
Ich kann meine Impulse meistens kontrollieren. (2 Punkte)
Ich kann meine Impulse nie kontrollieren. (1 Punkt)

Frage 13: Sind Sie an anderen interessiert und damit ein guter Zuhörer?
Ich bin immer an anderen interessiert und immer ein guter Zuhörer. (3 Punkte)
Ich bin meistens an anderen interessiert und meistens ein guter Zuhörer. (2 Punkte)
Ich bin nie an anderen interessiert und nie ein guter Zuhörer. (1 Punkt)

Frage 14: Können Sie gut mit den Emotionen anderer Menschen umgehen?
Ich kann immer gut mit den Emotionen anderer Menschen umgehen. (3 Punkte)
Ich kann meistens gut mit den Emotionen anderer Menschen umgehen. (2 Punkte)
Ich kann nie gut mit den Emotionen anderer Menschen umgehen. (1 Punkt)

Frage 15: Bleiben Sie bei geplanten Änderungen optimistisch?
Ich bleibe bei geplanten Änderungen immer optimistisch. (3 Punkte)
Ich bleibe bei geplanten Änderungen meistens optimistisch. (2 Punkte)
Ich bleibe bei geplanten Änderungen nie optimistisch. (1 Punkt)

Frage 16: Können Sie starke Gefühle gut kontrollieren?
Ich kann starke Gefühle immer kontrollieren. (3 Punkte)
Ich kann starke Gefühle meistens kontrollieren. (2 Punkte)
Ich kann starke Gefühle nie kontrollieren. (1 Punkt)

Frage 17: Können Sie gut auf verschiedene Anforderungen reagieren?

Ich kann immer gut auf verschiedene Anforderungen reagieren. (3 Punkte)
Ich kann meistens gut auf verschiedene Anforderungen reagieren. (2 Punkte)
Ich kann nie gut auf verschiedene Anforderungen reagieren. (1 Punkt)

Frage 18: Verstehen Sie unterschiedliche Standpunkte, auch wenn Sie selbst einen anderen vertreten?
Ich verstehe immer unterschiedliche Standpunkte, auch wenn ich selbst einen anderen vertrete. (3 Punkte)
Ich verstehe meistens unterschiedliche Standpunkte, auch wenn ich selbst einen anderen vertrete. (2 Punkte)
Ich verstehe nie unterschiedliche Standpunkte, auch wenn ich selbst einen anderen vertrete. (1 Punkt)

Frage 19: Sind Sie in der Lage, auf unerwartete Veränderungen flexibel zu reagieren?
Ich kann immer auf unerwartete Veränderungen flexibel reagieren. (3 Punkte)
Ich kann meistens auf unerwartete Veränderungen flexibel reagieren. (2 Punkte)
Ich kann nie auf unerwartete Veränderungen flexibel reagieren. (1 Punkt)

Frage 20: Ist es Ihnen wichtig, die Beweggründe von anderen Menschen zu verstehen?
Mir ist es immer wichtig, die Beweggründe von anderen Menschen zu verstehen. (3 Punkte)
Mir ist es meistens wichtig, die Beweggründe von anderen Menschen zu verstehen. (2 Punkte)
Mir ist es nie wichtig, die Beweggründe von anderen Menschen zu verstehen. (1 Punkt)

Frage 21: Können Sie Ihre Pläne und Ziele an leichte Veränderungen anpassen?
Ich kann immer meine Pläne und Ziele an leichte Veränderungen anpassen. (3 Punkte)
Ich kann meistens meine Pläne und Ziele an leichte Veränderungen anpassen. (2 Punkte)
Ich kann nie meine Pläne und Ziele an leichte Veränderungen anpassen.

(1 Punkt)

Frage 22: Können Sie Ihre Gefühle zum gleichen Zeitpunkt des Erlebens genau beschreiben?
Ich kann meine Gefühle immer zum gleichen Zeitpunkt des Erlebens genau beschreiben. (3 Punkte)
Ich kann meine Gefühle meistens zum gleichen Zeitpunkt des Erlebens genau beschreiben. (2 Punkte)
Ich kann meine Gefühle nie zum gleichen Zeitpunkt des Erlebens genau beschreiben. (1 Punkt)

Frage 23: Sind Sie in der Lage, sich bei häufigen Veränderungen anzupassen?
Ich bin immer in der Lage, mich bei häufigen Veränderungen anzupassen. (3 Punkte)
Ich bin meistens in der Lage, mich bei häufigen Veränderungen anzupassen. (2 Punkte)
Ich bin nie in der Lage, mich bei häufigen Veränderungen anzupassen. (1 Punkt)

Frage 24: Können Sie Ihr Verhalten und Ihre Laune beeinflusst durch Stress verstehen?
Ich verstehe immer mein Verhalten und meine Laune. (3 Punkte)
Ich verstehe meistens mein Verhalten und meine Laune. (2 Punkte)
Ich verstehe nie mein Verhalten und meine Laune. (1 Punkt)

Frage 25: Können Sie Ihre Prioritäten schnell ändern?
Ich kann meine Prioritäten immer schnell ändern. (3 Punkte)
Ich kann meine Prioritäten meistens schnell ändern. (2 Punkte)
Ich kann meine Prioritäten nie schnell ändern. (1 Punkt)

Auswertung des Tests

25 bis 39 Punkte:
Die Gefühle anderer sind für Sie oft nicht nachvollziehbar. War oder ist Ihr Kollege verärgert, so können Sie es nicht verstehen. Es gibt keine Antenne für subtile Nuancen – nicht einmal für Ihre.

Mit einem Satz: Sie müssen Maßnahmen ergreifen. Das ist aber nicht schlimm, denn Sie können Ihre emotionale Intelligenz trainieren und so

Ihre Wahrnehmung verbessern. Fangen Sie an, anderen besser zuzuhören. Achten Sie auf ihre Mimik und ihr Verhalten. Finden Sie heraus, zu welchen Gesichtsausdrücken die Stimmung passt. Fragen Sie am besten nach, wenn Sie unsicher sind. Je besser Sie lernen, die Reaktionen anderer Menschen zu verstehen und zu interpretieren, desto besser können Sie Ihre Emotionen kontrollieren.

40 bis 59 Punkte
Grundsätzlich sind Sie sich Ihrer Emotionen bewusst. Sie können sich oft in andere hineinversetzen, insbesondere wenn es Sie genauso stört. Allerdings kann es vorkommen, dass Sie auf Stress gereizt reagieren und Ihre Stimmung an einer anderen Person auslassen. Doch Sie sind gut darin, sich selbst zu reflektieren, somit können Sie Ihre Schwächen eingestehen und die Person um Verzeihung bitten.

Sie sind vielleicht kein Optimist, aber Sie sind ein Realist. Sie verstehen, dass nicht immer alles reibungslos im Leben und im Beruf abläuft. Allerdings nervt Sie diese Einstellung manchmal, wenn Sie auf unerwartete Änderungen stoßen. In den meisten Fällen werden Sie jedoch einen Weg finden, die neue Struktur zu akzeptieren.

60 bis 75 Punkte
Ihre emotionale Intelligenz ist sehr hoch. Es ist für Sie sehr einfach, anderen Menschen zuzuhören, aufgrund Ihres Interesses an der Person, mit der Sie sprechen. Sie verfügen über einen guten Zugang zu Ihren eigenen Emotionen und denen anderer und können erkennen, was Menschen zum Handeln bewegt.

Sie sind ein sehr aufgeschlossener Mensch und wirken durch Ihre Offenheit positiv auf andere Menschen. Auch in Stresssituationen bleiben Sie ruhig und geduldig. Sie erleben selten, dass Ihre Umgebung außer Kontrolle gerät. Darüber hinaus haben Sie eine positive Lebens- und Arbeitseinstellung. Sie sehen Hindernisse als Herausforderungen, die es zu überwinden gilt. Statt in einem Problem zu verharren, suchen Sie nach Lösungen. Dies wird Ihnen helfen, Stress besser zu bewältigen. Da Sie einen gut organisierten Geist haben und wissen, wie Sie das Gleichgewicht halten, sind Sie normalerweise sehr entspannt.

Bedeutung von Emotionen und ihre Auswirkungen auf das Verhalten

Emotionen sind ein grundlegender Teil unseres Geisteszustandes. Sie dienen aber auch als sehr gutes Bewertungssystem. Dank unserer Emotionen können wir Situationen automatisch einschätzen. Diese schnelle Einschätzung der Lage ermöglicht es uns, nicht nur schnell, sondern auch angemessen zu reagieren.

Beispiel Prüfungsangst:
Jeder kennt die Angst vor einer Prüfung in der einen oder anderen Form. Der Puls des einen rast, der andere schwitzt stark und die Nerven beim Nächsten sind so angespannt, dass es unmöglich ist, sich an alles zu erinnern, was man gelernt hat. Die Prüfungsangst steckt somit voller unterschiedlicher Emotionen.

Emotionen verbinden geistige und körperliche Prozesse, die zu unterschiedlichen Reaktionen führen können.

Es ist ein persönlicher Prozess, der auf persönlichen Erfahrungen und Gefühlen basiert.

Wenn Sie diesen Begriff separat betrachten, werden Sie feststellen, dass Emotion von den lateinischen Wörtern „ex" und „movere" herrührt. „Ex" bedeutet draußen und „movere" bedeutet Bewegung, also äußere Bewegung.

Wenn wir den Weg der Emotionen betrachten, kommen sie wirklich tief aus unserem Inneren und bewegen sich nach außen als eine Reaktion. Es ist also die Emotion, die zu verschiedensten Reaktionen führt. Erst später können wir anhand unserer Gefühle gegenüber dem Ereignis feststellen, was uns zu einer bestimmten Reaktion veranlasst hat.

Die Forschung hat die Emotionen noch nicht vollständig durchleuchtet. Daher sind sie immer noch dabei, nach und nach mehr Licht ins Dunkle zu bringen. Fest steht, dass verschiedene Emotionen ihren Sitz im Gehirn haben und vor allem im limbischen System beheimatet sind. Das limbische System hat nichts mit dem gesunden Menschenverstand zu tun. Daher wird eine Emotion nur dann zu einem Gefühl, wenn die Großhirnrinde in den Prozess einbezogen wird. Um was es sich letzten Endes für ein Gefühl durch das Aufsteigen der Emotion handelt, wie etwa Freude oder Angst, entscheidet der Bereich des Cortex, der sich zur Emotion zuschaltet. Dies basiert auf Erfahrungen aus der Vergangenheit und ist ein automatischer

Prozess, der nicht bewusst gesteuert werden kann, außer durch ein intensives kognitives Training.

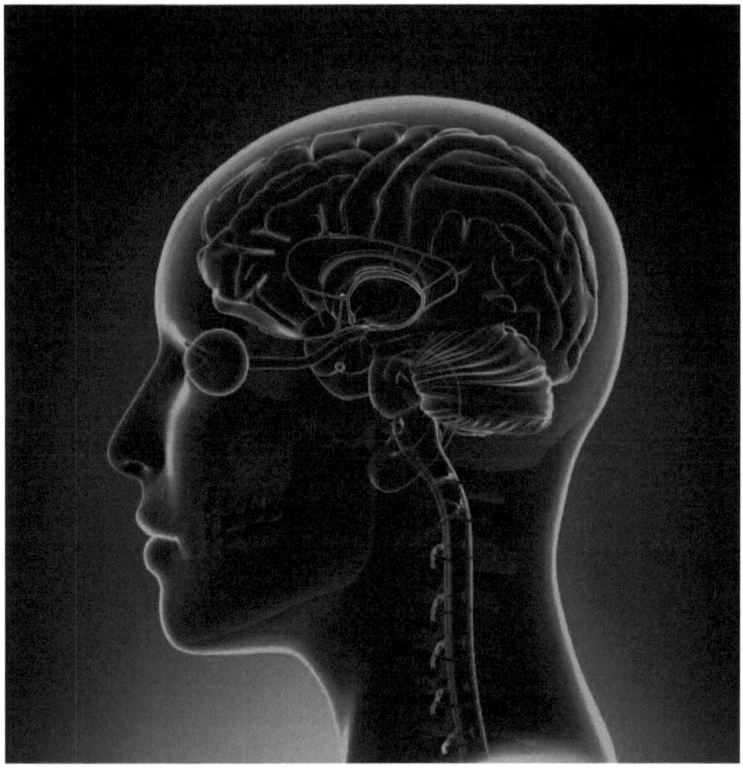

Definition limbisches System:
Das limbische System ist ein Bereich des Gehirns, von dem angenommen wird, dass er eine Schlüsselrolle bei der Erzeugung von Emotionen spielt. Es bildet die physische Grenze zwischen dem Hypothalamus und dem Hirnstamm. Deshalb nennt man es das limbische System, abgeleitet vom lateinischen Wort limbus, was Rand bedeutet. Das limbische System gilt als Zentrale für Emotionen und damit verbundene Verhaltensweisen.

Definition Cortex:
Der Cortex, besser bekannt als Großhirnrinde, kleidet die äußere Oberfläche der Großhirnhemisphäre aus und besteht aus einer grauen, dichten Schicht aus Neuronen, also Nervenzellen.

Es hat eine wellenförmige Form, bestehend aus vielen Spiralen (Gyri) und Zwischenrillen (Sulci). Diese strukturelle Anordnung ist ein wichtiges Merkmal, das zu einer größeren Oberfläche und damit zu mehr Neuronen führt, was wiederum bessere Verarbeitungs- und Wahrnehmungsfähigkeiten ermöglicht.

Der Cortex kann in verschiedene Funktionsbereiche unterteilt werden. Es gibt sensible, sensorische, motorische und assoziative Regionen. Es erfüllt vielfältige Funktionen wie Sinneswahrnehmung, Wahrnehmung, Charakterisierung und Planung sowie die Einleitung willkürlicher Bewegungen.

Prinzipiell befördert unser Unterbewusstsein ununterbrochen verschiedene Emotionen an die Oberfläche, an die wir uns mit der Zeit gewöhnt haben. Wir schenken ihnen daher keine Aufmerksamkeit mehr. Seit Urzeiten lassen wir uns vom Instinkt leiten, denn das Unterbewusstsein reagiert in jeder Situation auf zwei verschiedenen Zweigen unseres Gehirns:

Das limbische System: Die Situation wird innerhalb von Sekunden analysiert und vom Thalamus an die Amygdala weitergeleitet. In der Amygdala wird entschieden, ob die Situation gefährlich oder angenehm ist. Das Ergebnis dieser Entscheidung führt zur Entscheidung – flüchten oder kämpfen.

Die Hirnrinde: Es dauert länger, bis Informationen die Großhirnrinde erreichen. Das ist nicht verwunderlich, denn auf diese Weise wird die Situation nicht instinktiv beurteilt, sondern sehr sorgfältig untersucht. Über den Sehnerv nimmt der Mensch jedes Detail der Situation bis ins kleinste Detail wahr. Gleichzeitig stellt der Hippocampus das Gedächtnis auf den Kopf, um Vergleiche anzustellen und ein geeignetes Reaktionsszenario zu entwickeln. Schließlich sorgt der präfrontale Cortex, also der Teil des Frontallappens der Großhirnrinde, dafür, dass die Emotionen eingespeist werden. Das Gesamtbild ist damit fertig konstruiert und nun kann das Gefühl zugeordnet werden.
Mit diesem Wissen müssten Sie sich nun nicht Ihren Emotionen hilflos ausgeliefert fühlen, denn über die Hirnrinde können Emotionen kontrolliert werden. Über bestimmte Verhaltenstrainings und Übungen können neue Strategien erlernt werden.

Beispiel Spinnenphobie:
Während einer Therapie lernt der Betroffene, das Insekt neu zu bewerten. Diese neue Bewertung ist nun tief verankert sowie abgespeichert und verhilft zur Kontrolle des vorherigen Fluchtreflexes. Statt in Panik das Weite zu suchen, kann nun mithilfe eines Papiers oder Glases die Spinne nach draußen ins Freie transportiert werden.

Dank einer neuen Bewertung und einer neuen Verhaltensstrategie ist dies möglich. Auch wenn der Weg nicht immer leicht ist, so ist es für jeden, der den Willen hat, etwas zu transformieren, möglich, diesen Weg zu bestreiten.

Definition Thalamus:
Der Thalamus ist Teil des Zwischenhirns und unterteilt in verschiedene Bereiche.

Epithalamus – der „oberschichtigste" Teil. Im gleichen Bereich befindet sich die Zirbeldrüse, die für die Regulierung des Tag- und Nachtrhythmus wichtig ist. Hier vereinigen sich die Fasern des Riechtraktes.

Der eigentliche **Thalamus** befindet sich in der Mitte und dient als Schaltstelle für die empfangenen Sinnesreize. Neben der extrapyramidalen Motorik, also dem System der unwillkürlichen Bewegungen, ist es auch für Ausdrucksbewegungen und Abwehr- oder Laufreflexe zuständig.

Weiter unten befindet sich der sogenannte **Subthalamus** und eine Stufe darunter ist der Hypothalamus. Der Hypothalamus ist Teil der Sehbahn und enthält auch hormonregulierende Strukturen.

Das „Tor zum Bewusstsein" ist eine treffende Bezeichnung für den Thalamus, denn er bestimmt, welche Umwelteindrücke an das Gehirn weitergeleitet werden, um dort zum Bewusstsein zu gelangen. Daher entstehen alle Empfindungen durch Sehen, Hören und körperliche Empfindungen wie Temperatur, Berührung und Schmerz. Dieser Filter lässt nur Sinneseindrücke durch, die als „wichtig" erachtet werden.

Definition Amygdala:
Stellen Sie sich einmal vor, Sie haben vor etwas Angst, wie beispielsweise vor einer Wespe. Wo genau im Gehirn entsteht diese Angst?

Die Antwort und damit verantwortlich dafür ist die Amygdala. Sie ist Teil des limbischen Systems des Gehirns und sieht etwa wie eine Mandel aus, weswegen sie auch als Mandelkern bezeichnet wird.

Die Amygdala ist für die emotionale Beurteilung verantwortlich. Die wichtigste Emotion, die sie kontrolliert, ist Angst. Es ermöglicht uns auch, die Risiken richtig einzuschätzen. Äußere Reize werden von der Amygdala sofort verarbeitet und entsprechende Reaktionen im Körper ausgelöst. Dabei kann es sich beispielsweise um eine erhöhte Herzfrequenz oder einen Reflexkrampf handeln.

Unterschied Emotion und Gefühl

Gefühle unterscheiden sich von Emotionen, da eine Emotion eine innere Empfindung ist, während das Gefühl nur ein Teil der Emotion ist und einen aktuellen Zustand beschreibt.

Ein Gefühl, eine körperliche Reaktion und ein Denkprozess formen eine Emotion. Wie schon erwähnt, beschreibt ein **Gefühl** die augenblickliche Verfassung. Fühlen wir gerade Liebe, Trauer oder Wut? Die körperliche Reaktion drückt sich unterdessen aus in

- Zittern,
- Lachen,
- schnelles Atmen oder
- Herzklopfen,

während der Denkprozess die Emotionen bewertet und einschätzt. Dieser Prozess bedient sich gerne an Erinnerungen und Erfahrungen. Es wird verglichen, erklärt und entschieden, wie eine Situation zu bewerten ist.

Dies hilft uns, positive Emotionen einzufangen sowie Bedrohungen rechtzeitig zu erkennen und entsprechend zu reagieren.

Da Emotionen komplex sind und vom Gehirn unterschiedlich verarbeitet werden, kann es sein, dass jeder Mensch Emotionen unterschiedlich wahrnimmt und bewertet.

Beispiel Angst-Emotion:

Sicherlich hat jeder schon einmal Angst erlebt. Es ist sehr unangenehm und wir müssen lernen, damit umzugehen.

Wenn wir nun die drei existierenden Komponenten von Emotionen betrachten, Empfindungen, körperliche Reaktionen und Denkprozesse, können wir zu folgendem Schluss kommen:

Die Angst als Emotion ist mit Gefühlen des Schreckens oder der Verzweiflung verbunden. Wir wissen nicht, was in einer bestimmten Situation passiert, wir fühlen uns hier und jetzt hilflos oder hoffnungslos. Eine typische körperliche Reaktion, die mit Angstzuständen einhergeht, ist Schwitzen oder Atemnot, die von unserem Körper automatisch ausgelöst werden. Unser Denkprozess muss nun die aktuelle Situation beurteilen und feststellen, wie schlimm sie ist.

Je mehr Erfahrung wir haben, desto besser und einfacher können wir neue Situationen einschätzen und Entscheidungen darüber treffen, wie wir uns in neuen Situationen verhalten.

Stellen Sie sich einmal einen Eisberg vor. Davon sind etwa 10 % oberhalb der Wasseroberfläche und damit sichtbar. Diese 10 % stellen unsere Gefühle dar, denn diese tragen wir auf der Hand und zeigen sie unserer Umwelt, sofern wir das möchten. Im Alltagsbewusstsein sind Gefühle beheimatet. Doch 90 % des Eisbergs sind unter Wasser und damit nicht sichtbar. Die 90 % stehen für unsere Emotionen, die tief aus dem Unterbewusstsein kommen und sich somit dem direkten Blick entziehen.

Emotionen sind Grundinstinkte. Traurigkeit, Angst, Wut, Freude und auch Überraschung sind nur ein paar der Emotionen, die unter diesen Begriff gehören. Da diese Urinstinkte den Menschen seit jeher begleiten, lassen sie sich nicht so leicht auslöschen. Sie treten aus dem Unterbewusstsein an die Oberfläche, wenn der richtige Zeitpunkt für sie gekommen ist. Man nennt es ein „effektartiges Auftreten“. Sie hängen mit körperlichen Prozessen und, was noch wichtiger ist, mit mentalen Prozessen zusammen, daher führen sie immer zum Handeln.

Emotionen geben uns die Antwort darauf, ob eine Handlung oder Reaktion tatsächlich ernst gemeint ist. Insbesondere die Mimik kann uns die besten Informationen zu diesem Thema liefern, denn Emotionen sind im Gegensatz zu Gefühlen schwer zu kontrollieren, aufgrund ihrer direkten Verbindung mit dem Unterbewusstsein. Die Reaktion auf einen äußeren Reiz erfolgt automatisch. Gefühle sind die Reaktion des Körpers und müssen verarbeitet werden.

Schauen wir uns diese beiden Definitionen nun genauer an.

Die Gefühle: Es mag zunächst seltsam erscheinen, aber Emotionen, die bis in die Großhirnrinde vordringen können, können auch in Form von Emotionen ausgedrückt werden. In der Berufswelt werden Gefühle als spontane Impulse bezeichnet.

Beispiele hierfür sind:

- Weinen
- Atmen
- Gehen

Beispiel:
Wir können den Atem nicht willkürlich ausschalten. Allerdings können wir die Art und Weise beeinflussen, wie wir atmen, sei es flach oder tief, schnell oder langsam. Die Atmung verläuft ganz automatisch und unwillkürlich.

Mit allen anderen Gefühlen verhält es sich genauso, da sie, mal stärker und mal schwächer, im Alltagsbewusstsein an der Oberfläche vorhanden sind.

Zu den Aufgaben der Gefühle gehören unter anderem, dass sie uns sehr dabei helfen, Erinnerungen an unsere täglichen Abläufe und Erlebnisse zu schaffen und zu speichern. Ohne die Gefühle wären wir nicht in der Lage, unsere Erfahrungen richtig wertzuschätzen und zu bewerten. Nur mit dieser Fähigkeit können wir Beziehungen zu anderen aufbauen und auch halten. Gefühle helfen uns, die richtigen Entscheidungen zu treffen.

Die Emotionen: Wie Sie bereits wissen, leben Emotionen tief in uns. Sie sind gewissermaßen Teil unserer Grundausstattung. Ohne sie können die Gefühle nicht entstehen, denn sie basieren auf Emotionen.

Zu den Emotionen gehören:

- Ärger
- Angst
- Bewunderung
- Ekel
- Freude
- Gelassenheit

- Liebe
- Scham
- Sorge
- Stolz
- Trauer
- Überraschung
- Verzückung
- Wut

Emotionen werden unterdessen in eine primäre und sekundäre Kategorie unterteilt. Primäre Emotionen, genannt auch Basisemotionen, sind angeboren.

Übrigens: Die Gesichtsausdrücke beim Erleben der primären Emotionen sind in verschiedenen Kulturen gleich.

Die sekundären Emotionen sind nicht angeboren, vielmehr prägen sie sich durch soziale und kulturelle Einflüsse, weswegen Sie sie Ihr ganzes Leben lang erlernen. In einigen Fällen sind auch grundlegende Emotionen miteinander vermischt. Fühlen Sie sich beispielsweise gleichzeitig ängstlich und wütend oder überrascht und aufgeregt? Solche gemischten Emotionen werden auch als sekundäre Emotionen bezeichnet.

Beispiel:
Stellen Sie sich vor, eine Ihnen nahestehende Person verletzt Sie mit einer Bemerkung über Ihr Aussehen. Sie fühlen sich traurig. Die Trauer ist in diesem Fall die primäre Emotion. Da Sie in Ihrer Kindheit allerdings gelernt haben, dass Tränen ein Zeichen von Schwäche sind, stecken Sie diese primäre Emotion ganz automatisch in die hinterste Schublade und fühlen stattdessen Wut – in diesem Fall ist Wut die sekundäre Emotion.

Das Problem zeigt sich hier ganz deutlich. Durch die Unterdrückung der Trauer lassen Sie Ihr wahres Bedürfnis nach Weinen nicht zu, demnach sind sekundäre Emotionen unproduktiv, aufgrund der Orientierung an erlernten Glaubenssätzen wie „Ich darf nicht weinen“. Dies gilt sowohl für Ihre Selbstwahrnehmung als auch für die Kommunikation mit anderen Menschen.

Wenn Sie traurig sind und sich im Grunde genommen nur nach Trost sehnen, stoßen Sie allerdings die andere Person durch den Ausdruck sekundärer Wut von Ihnen weg. Infolgedessen verschärft sich die Unzufriedenheit. Sie geraten in eine Spirale negativer Emotionen.

Wir können unsere Gefühle hingegen nicht kontrollieren oder gar unterdrücken, im Gegensatz zu Emotionen, die kontrolliert werden können. Um dies jedoch erfolgreich zu tun, müssen Sie in der Lage sein, Ihre eigenen Gefühle richtig zu verstehen. Um dieses Ziel zu erreichen, eignen sich Techniken wie positives Denken oder positive Ausrichtung, die Sie im Laufe dieses Ratgebers in die Hand bekommen.

Anmerkung:
Sie kennen bestimmt auch einen Menschen, den Sie als gefühllos oder gefühlskalt empfinden. Diese Menschen haben aufgrund ihrer Erfahrung lernen müssen, die Gefühle und Emotionen zu unterdrücken beziehungsweise nicht zu zeigen, rein aus Selbstschutz. Sie tragen die Bezeichnung „emotionslos“ und „gefühllos“ daher zu Unrecht. Wenn diese Menschen Ihnen vertrauen, können die Emotionen und Gefühle gezeigt werden.

Zusammenhang zwischen emotionaler Intelligenz und persönlichem Wachstum

- Was braucht es, um in seinem Beruf erfolgreich und gut zu sein?
- Was braucht es, um prinzipiell erfolgreicher zu sein?
- Wie kann man sich von den anderen abheben?
- Wie führt man ein stressfreies und erfülltes Leben?

Dies erfordert natürlich etwas Intelligenz. Aber Weisheit wird nicht unbedingt weiterentwickelt. Der wahre Schlüssel zu persönlichem und beruflichem Wachstum liegt im Konzept der emotionalen Intelligenz, die jeder kultivieren und entwickeln kann.

Persönliches Wachstum

Hinter jeder Krise und auch hinter jeder Herausforderung bergen sich unglaubliche Wachstumschancen für jeden Menschen. Beispielsweise eine

Trennung von einem geliebten Menschen bietet diese Chance des Wachstums und tatsächlich werden die größten Veränderungen im Leben immer nach einer Herausforderung vorgenommen, da man feststellen konnte, was vorher nicht in Ordnung war. Persönliche Weiterentwicklung und Persönlichkeitsentwicklung sind sowohl Voraussetzung als auch das Ergebnis des Erfolgs. Wenn Sie nicht wachsen und sich weiterentwickeln, bleiben Sie stecken (wie es alle anderen auch tun). Nicht nur unser Körper, sondern auch unser Geist ist auf persönliches Wachstum ausgelegt.

Wachstum ist mehr als nur eine Veränderung im Leben

Wachstum heißt immer auch Veränderung. Allerdings macht es einen großen Unterschied, ob man sich gerade verändert oder weiterentwickelt. Veränderungen können so einfach sein wie ein Jobwechsel oder der Auszug aus dem Elternhaus.

Ein langer Prozess ist dafür das Wachstum, denn dieser Prozess kann Wochen oder gar Jahre dauern. Gleichzeitig kann es viele Auslöser für persönliches Wachstum geben, zum Beispiel berufliche oder persönliche Stagnation, Gefühle der Hilflosigkeit, die man nicht akzeptieren möchte. Wenn Sie sich eingeschränkt fühlen oder auch mehr in Ihrem Leben erreichen möchten, als es derzeit möglich ist, kann eine Unzufriedenheit ebenfalls zu Wachstum führen.

Die drei Säulen des persönlichen Wachstums

Beim persönlichen Wachstum gibt es drei Säulen oder Bausteine, die Ihre Persönlichkeit bilden. Diese Säulen beschreiben realistisch den Prozess, den Sie Schritt für Schritt in Ihrer persönlichen Entwicklung durchlaufen. Jede Säule zeichnet sich durch eigene Fragen aus, die Sie sich stellen müssen, um sich selbst besser zu verstehen, zu akzeptieren und letztendlich weiterzuwachsen:

- **Selbsterkenntnis:** Welche Stärken und Schwächen habe ich? Was genau zeichnet mich aus und was ist typisch für mich?
- **Selbstakzeptanz:** Liebe und akzeptiere ich mich selbst so, wie ich bin?
- **Selbstveränderung:** Wie und wohin möchte ich mich weiterentwickeln? Wer möchte ich im Leben sein? Welche Fähigkeiten und Eigenschaften möchte ich mir aneignen?

Bewerten Sie sich bei diesen Fragen ganz neutral und ziehen Sie Familie und Freunde hinzu, sollte Ihnen die Beantwortung der Fragen noch Schwierigkeiten bereiten.

Die vier Wachstumsbereiche

Wachstum ohne Veränderung ist nicht möglich, aber umgekehrt. Wir müssen oft Ängste und Hindernisse überwinden, uns erholen und kämpfen, um weiter zu wachsen. Umgekehrt kann Veränderung auch ein Weg sein, echte Probleme zu vermeiden. Es gibt vier Zonen in denen wir ein Wachstum erfahren:

- **Komfortzone:** In der Komfortzone herrschen Kontrolle, Sicherheit, Gewohnheit und Routine.
- **Angstzone:** In der Angstzone sind es Ablehnung, Abbruch, Ausreden und Unsicherheit.
- **Lernzone:** In der Lernzone entwickeln wir neue Erfahrungen, neue Fähigkeiten, Selbstvertrauen und bauen unsere gewohnten Zonen aus.
- **Wachstumszone:** In der Wachstumszone erreichen wir unsere Ziele, eine Selbstsicherheit und Zufriedenheit.

Tipps für ein persönliches Wachstum:

Persönliches Wachstum kann nicht beschleunigt werden. Aber Sie können lernen, worauf es ankommt, wenn Sie wachsen und sich weiterentwickeln wollen. Mit diesen Tipps steht Ihrem Wachstum nichts mehr im Weg:

Verantwortung übernehmen

Verantwortung zu übernehmen, ist der erste Schritt, wenn es um persönliches Wachstum geht. Egal, wie schlecht es Ihnen geht oder mit welcher Hürde Sie aktuell zu kämpfen haben, suchen Sie nicht die Schuld im Außen oder bei anderen, denn dies ändert Ihre Situation sowieso nicht, sondern lässt Sie verharren. Holen Sie sich Ihre Verantwortung wieder zurück, damit erhalten Sie auch die Macht, etwas zu verändern. Wenn Sie eine Eigeninitiative entwickeln, sind Sie auf niemanden angewiesen und müssen nicht darauf warten, dass andere die Verantwortung für etwas übernehmen. Oftmals warten Sie vergeblich. Wachstum und etwas erreichen, schaffen nur Sie selbst.

Führen Sie sich Ihre Ziele klar vor Augen

Um sich zu entwickeln, muss es zunächst eine klare Richtung und einen klaren Zweck geben. Was genau wollen Sie erreichen? Wohin wird das

Wachstum Sie führen? Was soll sich letztendlich ändern? Dabei kann es sich um Fähigkeiten oder Qualitäten handeln, die Sie erwerben möchten. Persönliches Wachstum kann aber auch bedeuten, dass Sie selbstbewusster werden, Ihre eigenen Stärken und Schwächen besser einsetzen oder eine kontaktfreudigere Persönlichkeit entwickeln.

Machen Sie sich Gedanken um die richtigen Strategien und setzen Sie diese um

Nachdem Sie sich Ihre Ziele gesetzt haben, können Sie darüber nachdenken, wie Sie diese am besten erreichen und in die Realität umsetzen können. In dieser Phase können Sie sich auch auf einige grundlegende Fragen konzentrieren:

- Wie kann ich das Ziel erreichen?
- Was kann ich dafür machen?
- Was sollte ich dafür tun?
- Welche Optionen passen am besten zu mir?

Gerade die letzte Frage sollten Sie ehrlich für sich beantworten. Viele Wege führen oft zu einem Ziel, aber für Ihr Wachstum ist es wichtig, dass Sie den für Sie richtigen Weg wählen.

Als Anregung können Sie gerne die nachfolgende Arbeitstabelle verwenden, um zunächst Ihre Stärken festzustellen und im Anschluss daran Ihren Zielen mit den W-Fragen Schritt für Schritt näherzukommen.

Meine Stärken / Worin bin ich gut und was kann ich gut?	Meine Fähigkeiten / Was möchte ich verbessern und ausbauen?

Welche Ziele habe ich?	Warum will ich diese Ziele erreichen?	Wie kann ich diese Ziele erreichen?	Was ist schon ein kleiner Erfolg?	Wann erreiche ich diese Ziele?

Stellen Sie sich Ihrer Angst

Es ist leicht gesagt, sich den eigenen Ängsten zu stellen, und es erfordert viel Mut, es in die Praxis umzusetzen. Wenn Sie aus der Situation herauskommen wollen, müssen Sie sich Ihren Ängsten stellen. Außerdem verbergen sich hinter einer Angst immer die schönsten Dinge.

Es gibt auch keine hundertprozentige Sicherheit, dass alles perfekt und auf Anhieb funktioniert. Es macht daher immer auch Sinn, über eine Alternative nachzudenken, so verlieren Sie weniger Ihren Mut. Bedenken Sie, dass eine Stagnation zu keinem Wachstum führt, sondern Dinge so bleiben, wie sie sind. Wollen Sie dies wirklich und können Sie die Tatsache akzeptieren, Gelegenheiten verstreichen zu lassen? Es mag nicht einfach sein, aber es ist den Kampf wert.

Stehen Sie es durch

Lassen Sie sich schließlich nicht täuschen. Es wird einige Zeit dauern, bis sich das Wachstum bemerkbar macht und Sie Ihr gewünschtes Ziel erreichen. Geraten Sie nicht in Panik, wenn die Dinge beim ersten Mal nicht so laufen, wie Sie es möchten, und geben Sie nicht auf, wenn es schwierig wird. Wenn Sie sich genügend Zeit nehmen und hart arbeiten, können Sie durch Wachstum alles erreichen, was Sie anstreben.

Das persönliche Wachstum und eine emotionale Intelligenz können der Schlüssel zu einem erfüllten und erfolgreichen Leben sein

Ein persönliches Wachstum und eine emotionale Intelligenz sind so wichtig und bewirken für eine Person sehr viel. Wie bereits beschrieben, wird Ihnen der Prozess dabei helfen, das Beste aus Ihnen herauszuholen und sich Ihrer idealen Persönlichkeit anzupassen. Je nachdem, wohin Sie wachsen möchten und was Ihnen wichtig ist, werden Sie natürlich über mehr oder weniger Fähigkeiten verfügen, aber Sie werden sowohl durch persönliches Wachstum als auch emotionale Intelligenz auf jeden Fall Ihr volles Potenzial ausschöpfen. Wachstum und Fortschritt sind in allen Lebensbereichen wichtig, sei es im täglichen Leben, bei der Arbeit oder in der Kommunikation mit anderen.

Persönliches Wachstum als auch eine emotionale Intelligenz führen langfristig immer zum Erfolg und einem erfüllten Leben. Beides ist wichtig, um mit sich selbst und der Umgebung zufriedener zu sein und sich rundum wohlzufühlen.

Beides ist wichtig, um:

- sich selbst besser kennenzulernen und ein gesünderes Selbstbild zu erhalten
- mit Rückschlägen im Leben besser umgehen zu können
- Probleme besser anzugehen und Krisen zu bewältigen
- offener und einfühlsamer anderen gegenüber zu sein
- das Selbstvertrauen trotz Widrigkeiten zu stärken
- unabhängig und frei denken und handeln zu können
- erfolgreicher im Leben zu sein

Durch bewusstes Üben zu einem persönlichen Wachstum in Kombination mit einer emotionalen Intelligenz können Sie also nicht nur in den verschiedensten Bereichen Ihres Lebens Fortschritte machen, sondern auch in den grundlegendsten Aspekten des Lebens, die zu Ihrem persönlichen Wachstum beitragen und somit die Grundlage für alles andere bilden.

Zunächst einmal werden Sie im Prozess der Persönlichkeitsbildung und der emotionalen Intelligenz eine andere Lebenseinstellung und einen klaren Sinn im Leben haben. Herauszufinden, wer man ist, egal was die Familie, die Freunde oder auch Unbekannte sagen, ist ein sehr wichtiger Schritt, den jeder im Leben unternehmen sollte.

Sie lernen, Entscheidungen bewusster und unabhängiger zu treffen und genau das zu tun, was Sie von Ihrem Leben erwarten.

Auch Ihre Beziehungen werden sich durch diese Entwicklung verändern. Sie werden andere besser akzeptieren können und auch ihre Schwächen besser annehmen.

Wenn Sie mit sich selbst erfolgreich sind, entwickeln sich auch die Beziehungen zu Freunden oder der Familie sowie zu Ihrem Partner. Gleichzeitig werden Sie jedoch erkennen, ob Ihnen jemand Macht gibt oder sie Ihnen entzieht, und Sie werden in der Lage sein, toxische Beziehungen leichter aus Ihrem Leben zu entfernen.

Sie lernen, Nein zu sagen, Grenzen zu setzen und sich nicht mehr mit anderen zu vergleichen.

Kapitel 2: Selbstwahrnehmung und Selbstmanagement

Bewusstsein für eigene Emotionen entwickeln

Wie Sie bereits im vorangegangenen Kapitel erfahren haben, sind Emotionen und Gefühle nicht dasselbe. Emotionen sind komplexer und manchmal so mitreißend, dass Sie die Kontrolle über Ihr Handeln verlieren können. Wenn Sie diesen Impulsen zu sehr nachgeben, kann es in gewissen Fällen Schäden anrichten. Doch das muss Ihnen nun keine Sorgen bereiten, denn es gibt immer Wege, einen Zugang zu seinen Emotionen und zum Unterbewusstsein zu bekommen.

Da es bereits einige Studien zum Thema Emotionen und dem Unterdrücken dieser gibt, ist definitiv davon abzuraten, sie in eine hintere Schublade zu stecken, da auf Dauer solche Unterdrückungen krank machen können. Es ist daher wichtig, einen Mittelweg zu finden, um mit Emotionen umzugehen.

Mit Emotionen umzugehen, bedeutet, Emotionen verstehen zu können. Sie können jede Emotion nutzen, um Ihr Glück zu steigern. Dies gilt auch für negative Emotionen. Vielleicht sind Ihre Wut, Ihre hohen Ansprüche und Minderwertigkeitsgefühle auf unrealistische Erwartungen zurückzuführen? Nehmen Sie sich Zeit, darüber nachzudenken, und seien Sie ehrlich zu sich selbst. Nur wenn Sie wissen, warum bestimmte Emotionen entstehen, können Sie sie ändern.

Wenn Sie sich mit Ihren Emotionen verbinden, wissen Sie genau, wann Sie etwas fühlen, und können heraushören, was Ihre Emotionen Ihnen über Ihre Bedürfnisse sagen. An einem typischen Tag wirken Ihre Emotionen im Hintergrund und helfen Ihnen, die großen und kleinen Ereignisse des Lebens zu bewältigen. Anders ausgedrückt: Ein bewusster Kontakt mit den eigenen Emotionen kann nicht zu jeder Sekunde aufrechterhalten werden und doch hilft uns eine bewusste Verbindung, dass wir vermehrt handlungsfähig werden und vor allem auch bleiben. Das liegt vor allem daran, dass wir gezielt Lösungen finden können, sobald wir erkannt haben, was wir brauchen. Das verhilft uns auch wieder, uns für das einzusetzen, was wir benötigen. Schlussendlich können wir durch die Wahrnehmung der eigenen Emotionen auch ein Gespür für die Emotionen von anderen Menschen entwickeln.

Beispiel:
Sie haben einen Konflikt am Arbeitsplatz. Im ersten Schritt kann es hilfreich sein, zu verstehen, was Sie von diesem Konflikt überhaupt halten, denn sobald Sie in Kontakt mit Ihren Emotionen treten, ist die Chance größer, die eigenen Bedürfnisse zu erfüllen und für die Kollegen und sich selbst eine richtige Entscheidung zu treffen. Wenn es Ihnen schwerfällt, mit Ihren Emotionen in Kontakt zu kommen, ist die Wahrscheinlichkeit groß, dass der Konflikt für Sie und Ihre Kollegen schlecht endet.

Einfach ausgedrückt, besteht der Kontakt zu Ihren Emotionen aus fünf unterschiedlichen Aspekten:

1. Die Fähigkeit zu bemerken, dass Sie etwas fühlen, hauptsächlich in Ihrem Körper.
2. Lassen Sie zu, dass diese Gefühle existieren, ohne sie zu unterdrücken, auch wenn die Emotionen schmerzhaft sind.
3. Finden Sie Ihr Bedürfnis heraus, was mit der Emotion verbunden ist.
4. Finden Sie Worte, um die Emotionen auszudrücken.
5. Nutzen Sie all diese Informationen als Leitfaden für das, was in dieser besonderen Situation zu tun ist.

Das Erzeugen von positiven emotionalen Zuständen
Um sich gut zu fühlen, müssen Sie einen positiven emotionalen Zustand schaffen. Das ist jedoch leichter gesagt als getan. Meistens nehmen wir nur die sekundären Emotionen wahr, nicht die primären Emotionen. Das bedeutet, dass es immer wieder vorkommen kann, dass Sie Ihre Emotionen falsch interpretieren.

Wütende Menschen können sich nicht vorstellen, dass dies ein repressiver Mechanismus ist, also eine Unterdrückung der wahren Emotion, und sind in Wirklichkeit zutiefst traurig. Die Person besteht darauf, dass sekundäre Emotionen ihr Inneres widerspiegeln, auch wenn dies nicht der Fall ist. Die Frage ist nun, wie dieser Mechanismus umgangen werden kann, um hinter die eigene Fassade zu blicken.

Folgende Tatsache sollten Sie jedoch zuallererst verinnerlichen:

Sie sind kein Sklave Ihrer Emotionen. Sie allein treffen die Entscheidung, wie Sie sich fühlen und wie Sie verschiedene Situationen bewerten.

Sie können Ihre Wahrnehmung verändern und so eine neue Realität für sich erschaffen, in der Sie sich besser fühlen, auch weil Sie viel gelassener bleiben können.
Die Wahrnehmung und Bewertung eines äußeren Reizes dauert nur ein Bruchteil einer Sekunde. Äußere Reize und innere Emotionen hängen eng zusammen. Ihre emotionale Reaktion hängt ausschließlich von der Bedeutung ab, die Sie jedem Reiz beimessen. Die Verinnerlichung dieses Wissens ist der Schlüssel zum effektiven Umgang mit Ihren Emotionen. Auch wenn es nicht einfach ist, so ist es möglich und lohnt sich.

Die Klassifizierung eines bestimmten externen Reizes bezieht sich auf folgende Aspekte:

- eigene Erfahrungen
- Erziehung
- Glaubenssätze
- Persönlichkeitszustand

Nun gilt es, die vier oben aufgezählten Punkte zu hinterfragen. Dafür sollten Sie sich Ihrer unbewussten Interpretationen bewusst werden, denn nicht alles, was man im Laufe des Lebens lernt, muss auch stimmen und der Wahrheit entsprechen. Jeder einzelne Mensch hat persönliche Schmerzpunkte, auf die er besonders empfindlich reagiert. In solchen Fällen ist es möglich, dass die Emotionen einen selbst zerstören können und zudem fehlgeleitet sind.

Beispiel:
In der Kindheit wurden Sie oft ausgelacht, da Sie etwas mehr an Gewicht hatten. Dies verwundete Ihre Seele tief. Sie als erwachsene Person sitzen nun in einem Restaurant und bestellen sich einen Nachtisch. Als der Kellner Sie passiert, kommentiert er, dass er sehen kann, dass es Ihnen schmeckt.

Sie haben jetzt unterschiedliche Möglichkeiten, wie Sie diese Aussage interpretieren. Beziehen Sie diese Aussage auf Ihr Gewicht, entstehen sofort negative Emotionen wie Traurigkeit („Warum nur sehe ich so aus?“) und Wut („Wie kann er nur so herabwürdigend sein?“).

Wenn Sie allerdings stattdessen die Annahme zulassen, dass der Kellner lediglich glücklich darüber ist, dass Sie zufrieden sind, vermeiden Sie negative Emotionen. Äußerungen, die Sie negativ auffassen, beziehen sich selten auf Ihre wunden Punkte. Der Kellner hatte womöglich Ihren zufriedenen Gesichtsausdruck registriert und daraufhin diese Aussage getroffen.

Letztendlich geht es darum, dass Sie Ihre Schwachstellen offenlegen und nicht länger zulassen, dass alle Äußerungen und Aussagen automatisch mit von Ihnen wahrgenommenen Mängeln verknüpft werden. Nur so können negative Emotionen durch positive ersetzt werden.

Herstellen der emotionalen Balance

Haben Sie gewusst, dass vom Herzen zum Gehirn etwa 90 % der Nervenbahnen führen? Wenn Sie eine Emotion verspüren, wird diese normalerweise zuerst im Herzbereich gespürt, bevor Ihr Verstand die Situation übernimmt. Denken Sie einmal bewusst daran, wenn Sie sich das nächste Mal in einer emotionalen Situation befinden. Ob es sich dabei um eine positive oder negative Emotion handelt, spielt keine Rolle.

Die Signale werden über die eben genannten Nervenbahnen an das Gehirn gesendet. Erst dann erfolgt die Bewertung und Reaktion auf die Emotion. Es ist seit Langem wissenschaftlich erwiesen, dass das Herz nicht nur körperliche Funktionen erfüllt, sondern tatsächlich fühlt. Die Theorie, dass ein Herz fühlt, wurde von Wissenschaftlern des HeartMath Institute, im kalifornischen Boulder Creek, eingehend untersucht. Sie fanden heraus, dass das Herz über mehr elektromagnetische Energie verfügt als das Gehirn. Daher spielt das Herz eine wichtige Rolle bei der Aufrechterhaltung des emotionalen Gleichgewichts. Es ist wichtig, diesen Faktor zu verstehen, wenn Sie emotional aus dem Gleichgewicht geraten. Ihr Herz beeinflusst Ihre Kreativität, Intuition und Ihr Urteilsvermögen. Versuchen Sie daher, wieder Ihr Herz zu fühlen und spüren Sie sich selbst.

Übung:

Der einfachste Weg, um das Herz wieder zu spüren, ist, sich mit dem Herzen zu verbinden. Dafür eignet sich die nachfolgende Meditation, die Sie jederzeit und beliebig oft durchführen können. Nur ein offenes Herz kann Liebe senden und Liebe empfangen.

Herz-Meditation
Setzen Sie sich ganz bequem im Schneidersitz hin oder mit beiden Füßen auf dem Boden und platzieren Sie sich auf einem Stuhl. Sie dürfen sich auch gerne an einen Baum setzen, wenn Sie gleichzeitig noch die Energie und Kraft mitnehmen möchten, die ein Baum ausstrahlt. Rollen Sie nun Ihre Schultern zurück und sitzen Sie aufrecht, aber ganz entspannt da. Legen Sie Ihre Hände auf Ihren Knien oder Ihrem Schoß ab, Sie können gerne eine Art Schale mit Ihren Händen formen oder ein Mudra mit den Händen formen. Ein Mudra ist, wenn Sie Ihre Daumen mit Ihren Zeigefingern berühren. Diese Berührung, dieses Mudra, sorgt für geistige Klarheit und mentale Kraft. Haben Sie Ihre Position gefunden, schließen Sie sanft Ihre Augen. Atmen Sie zunächst tief durch die Nase in den Bauch ein und spüren Sie, wie sich Ihre Bauchdecke hebt und der Raum in Ihrem Innern ganz weit wird. Durch den Mund lassen Sie den Atem nun wieder ausströmen, spüren, wie sich Ihre Bauchdecke abermals senkt, und geben Sie der Ausatmung alle Schwere, alle Gedanken und Sorgen mit, die Sie aktuell noch belasten. Atmen Sie noch mal tief durch die Nase ein und durch den Mund wieder aus. Wiederholen Sie diese Atmung noch einige Male, bis eine Ruhe in Ihnen einkehrt, und lassen dann Ihren Atem wieder seinen ganz normalen Rhythmus gehen. Schicken Sie jetzt ein ganz liebevolles Lächeln in Ihre innere Welt und Ihr Herz. Begrüßen Sie sich in diesem Moment und kommen ganz bei sich an. Indem Sie jetzt in Gedanken sagen „Ich verbinde mich nun mit meinem Herzen“, entsteht diese Verbindung und Sie können spüren, wie sich Ihr Herz weitet und öffnet wie eine Blume. Ihr Herz lädt Sie ein. Spüren Sie die Wärme und die Liebe, die von Ihrem Herzen ausgeht, und lassen Sie sich umarmen. Stellen Sie sich nun vor, wie diese Herzensenergie über das Herz hinausgeht und durch Ihren gesamten Körper fließt und Sie umhüllt. Bleiben Sie in dieser Energie und lassen sie in jede Zelle fließen. Vertiefen Sie nach einer Weile wieder Ihre Atmung und bewegen anschließend Ihre Hände und Füße. Bringen Sie sich sanft wieder ins Hier und Jetzt zurück und öffnen voller Liebe und Herzensverbindung Ihre Augen.

Wie der Kontakt mit den Emotionen hergestellt werden kann:

1. Reize und Stimulierungen von außen
Um sich selbst wieder zu spüren, kann es im ersten Schritt hilfreich sein, den Körper selbst wieder zu fühlen und die Reaktionen auf bestimmte Reize bewusst wahrzunehmen. Bringen Sie daher Ihren Körper in Kontakt mit etwas Ungewöhnlichem, wie beispielsweise das Berühren einer Brennnessel oder das Abduschen mit kaltem Wasser. Weitere Ideen sind:

- ein Glas kaltes Wasser trinken
- den Körper langsam und bewusst eincremen
- einen Eiswürfel anfassen und über den Körper streichen lassen
- sich selbst eine Gesichtsmassage oder eine Fußmassage geben
- Wechselduschen mit kaltem und heißem Wasser (achten Sie jedoch darauf, dass das Wasser nicht zu heiß ist und unangenehm wird)
- ein Tier streicheln und das Fell auf der Hand fühlen

2. Übungen für mehr Achtsamkeit

Achtsamkeit ist ein Zustand geistiger Gegenwart, in dem eine Person wach ist und den gegenwärtigen Zustand seiner Umgebung, seines eigenen Körpers und Geistes, ohne Ablenkung, Reflexion oder Bewertung starker Gedankenströme, Erinnerungen, Fantasien oder Emotionen erlebt. Somit kann Achtsamkeit als eine Form der Aufmerksamkeit verstanden werden, die sich auf einen bestimmten Bewusstseinszustand bezieht. Um Achtsamkeit zu praktizieren, können Sie Ihre Aufmerksamkeit bewusst auf Ihren Atem lenken oder mit geschlossenen Augen langsam rückwärtsgehen. Auch ein Körperscan eignet sich bestens.

Anleitung für einen Körperscan:

Für den Körperscan setzen Sie sich am besten aufrecht auf einen Stuhl, mit beiden Füßen auf dem Boden und den Händen auf Ihren Oberschenkeln. Möchten Sie sich lieber hinlegen, können Sie dies auch gerne tun. Schließen Sie zunächst Ihre Augen und atmen einige Male tief durch die Nase ein und durch den Mund wieder aus. Die Atmung lässt Sie entspannen und bei sich ankommen. Lassen Sie Ihren Atem dann wieder in seinen natürlichen Rhythmus kommen. Beginnen Sie nun mit dem Körperscan. Versuchen Sie, sich Ihres Körpers bewusst zu sein, während Sie jetzt sitzen. Versuchen Sie, Ihre Körperempfindungen wahrzunehmen. Wie ist die Oberfläche, auf der Sie sitzen? Ist sie weich oder hart? Warm oder kalt? Wie ist Ihre Körperempfindung? Ist Ihnen kalt oder angenehm warm? Achten Sie darauf, wie Sie sitzen oder liegen und wie Sie sich fühlen, wenn Sie sitzen oder liegen. Passen Sie die Körperhaltung dort an, wo eine gewisse Anspannung oder ein gewisses Unbehagen herrscht. Beobachten Sie die auftretenden Empfindungen. Versuchen Sie, Ihren Körper gerade zu halten und bewegen Sie Ihre Wirbelsäule leicht in verschiedene Richtungen. Wie fühlen sich diese verschiedenen Positionen an? Gehen Sie auch hier

Schritt für Schritt durch verschiedene Körperteile, angefangen am Kopf bis hinunter zu den Fußzehen, und versuchen Sie, eventuell vorhandene Spannungen zu lösen, indem Sie in den entsprechenden Körperbereich atmen. Haben Sie alle Bereiche Ihres Körpers gescannt, schließen Sie diese Übung mit einigen tiefen Atemzügen ab und bringen sich sanft wieder aus dieser Meditation zurück.

Die Verbindung und das Wahrnehmen der eigenen Emotionen kann sehr aufregend sein und für inneren Wirbel sorgen. Mithilfe der nachfolgend aufgeführten Tipps wird der Umgang mit den Emotionen für Sie leichter.

Tipps für einen guten Umgang mit den eigenen Emotionen:

1. Keine Emotionen unterdrücken

Sie wissen, dass das Unterdrücken von Emotionen schädlich für die Gesundheit sein kann, das heißt jedoch nicht, dass Sie Ihre Emotionen frei ausleben sollten. Denn dies kann Ihnen, insbesondere im beruflichen Umfeld, aber auch innerhalb der Familie und im Freundeskreis, schaden. Suchen Sie stattdessen nach einem Ventil, um unterdrückte Emotionen auf positive Weise loszulassen. Sport eignet sich ganz hervorragend, auch weil regelmäßige Bewegung im präfrontalen Cortex des Gehirns die Aktivität senkt, was bedeutet, dass der Geist beruhigt und das Gedankenkarussell gestoppt wird. Außerdem steigt der Serotoninspiegel und das Wachstum neuer Nervenzellen im limbischen System wird begünstigt. Wenn Sie nicht der sportliche Typ sind, können Emotionen auch über eine kreative Art kanalisiert werden, wie beispielsweise beim Zeichnen, Malen oder Schreiben.

Definition präfrontaler Cortex:
Der präfrontale Cortex ist vor allem bei Depressionen häufig hyperaktiv, was zu endlosem Grübeln führen kann. Zudem ist er, wie Sie bereits wissen, an den negativen Emotionen beteiligt.

2. Vertrauen Sie sich anderen Menschen an

Emotionen auszusprechen und in Worte zu fassen, kann sehr erleichternd sein. Sie haben gewiss jemanden in Ihrem Umfeld, der Ihr bedingungsloses Vertrauen genießt. Es könnten Ihr Partner, Ihre beste Freundin, Ihre bereits erwachsenen Kinder oder Eltern sein. Sprechen Sie mit dieser Person offen und Sie erhalten sicher eine ehrliche Rückmeldung dazu, wie Sie mit Ihren Emotionen umgehen können. Ein Außenstehender (Freund) spiegelt dies möglicherweise viel besser wider als Sie.

3. Übernehmen Sie Verantwortung für Ihre Gedanken
Erinnern Sie sich noch einmal an das obige Beispiel. Emotionen entstehen nicht außerhalb von Ihnen, sondern in Ihnen. Sie entscheiden also, was Sie zulassen und wie Sie bestimmte Dinge interpretieren. Die negative Gedankenstruktur zu durchbrechen, ist nicht immer einfach, doch erinnern Sie sich stets daran, dass Sie nicht Ihre Gedanken sind und Sie immer die Wahl haben, wie Sie sich fühlen möchten. Wenn es beispielsweise regnet, können Sie sich entweder darüber ärgern oder es als Gelegenheit sehen, etwas zu tun, was Sie bei schönem Wetter im Haus oder Ihrer Wohnung nicht machen möchten, zum Beispiel eine Serie schauen. Die Entscheidung, wie Sie etwas finden, obliegt immer Ihnen. Sie können sich auch beispielsweise folgenden Satz sagen und entsprechend ergänzen:

Ich bin nicht meine Gedanken. Ich kann entscheiden, was ich denken und fühlen möchte, und ich entscheide mich nun bewusst für ...

4. Transformieren Sie negative Glaubenssätze
Emotionen sind grundsätzlich nicht verkehrt und sie sollten und können auch ausgedrückt werden. Werden sie das nicht, kann es zu körperlichen und psychischen Erkrankungen kommen. Das Immunsystem wird beispielsweise immer schwächer, somit steigt die Anfälligkeit für Infekte. Bluthochdruck und Diabetes können ebenfalls das Resultat unterdrückter Emotionen und Gefühle sein. Fragen Sie sich selbst nach alten Glaubenssätzen: Wurde Ihnen als Kind beigebracht, nicht zu weinen und Ihren Zorn zurückzuhalten?

Definition Glaubenssätze:
Bei Glaubenssätzen handelt es sich um grundsätzliche Annahmen, die ein Mensch über sich, sein Umfeld und die Welt im Allgemeinen trifft. Glaubenssätze sind oft pauschal und grundlegend, das heißt, eine Aussage wie „Die Welt ist schlecht“ oder „Der Mensch ist von Grund auf gut“ kann als Glaubenssatz bezeichnet werden. Die meisten Menschen haben ein kleineres oder größeres Bündel an Glaubenssätzen, die sie in ihrem Alltag mit sich tragen. Es handelt sich bei Glaubenssätzen stets um die eigene Interpretation von Wahrheit, die auf Grundlage unserer

Erlebnisse und Prägungen zustande kommen. Ein Mensch, der schon einmal betrogen wurde, neigt sicherlich eher dazu, die Welt als „schlecht" und die Mitmenschen als „böse" anzusehen, als ein Mensch, der ausschließlich positive Erfahrungen mit seinen Mitmenschen gemacht hat. Jemand, der fest davon überzeugt ist, dass er nicht gut genug aussieht, wird ebenfalls aufgrund eines Erlebnisses zu dieser Erkenntnis gelangt sein. Dabei muss dieses Erlebnis nicht besonders außergewöhnlich sein, unter Umständen kann sich die betroffene Person nicht einmal mehr daran erinnern, dennoch hat es sich eingebrannt und führt dazu, dass sich bei der Person ein Glaubenssatz verankert hat. Babys haben noch keine Glaubenssätze entwickelt und verinnerlicht. Sie entwickeln diese erst im Laufe des Lebens. Der Mensch sammelt über die Zeit hinweg verschiedene Erfahrungen, die sein Bild von sich selbst und der Welt um ihn herum prägen. Überzeugungen sind die Essenz der vergangenen Lebenserfahrungen. Die ersten Überzeugungen wurden uns zu Hause weitergegeben. Ein Kind, das geliebt und umsorgt wird, wird sich attraktiv und wichtig finden. Das soziale Umfeld nimmt etwas später darauf Einfluss. Kinder, die in der Schule gemobbt werden, haben als Erwachsene oft mit emotionalen Traumata zu kämpfen. Jeder, dem seit seiner Kindheit beigebracht wurde, dass er nicht in Ordnung ist, wie er ist, wird dies immer mehr als eigene Wahrheit festigen und Situationen magnetisch anziehen, die diese Wahrheit unterstreichen. Diese Menschen scheitern häufig in ihrer Karriere und ihrem Privatleben, weil das Unterbewusstsein eine Bestätigung eingeprägter Überzeugungen sehen möchte. Der Glaube, dass wir weniger wertvoll sind als andere, hat sich aufgrund der ständig neuen negativen Erfahrungen tief in unserem Bewusstsein verankert.

Dabei gibt es einen Unterschied zwischen positiven und negativen Glaubenssätzen. Wer glaubt, dass der Mensch von Grund auf gut ist, wird seinen Mitmenschen positiver gegenübertreten als jemand, der die Welt schlecht sieht. Generell ist es ratsam, die eigenen Glaubenssätze zu hinterfragen und gegebenenfalls zu transformieren.

Glaubenssätze und das Gesetz der Resonanz:
Negative Glaubenssätze führen zu negativer Resonanz und positive Glaubenssätze zu positiver Resonanz. Das bedeutet, Gleiches zieht Gleiches an, wir ziehen also genau das an, was wir nach außen aussenden. Sie haben bestimmt schon festgestellt, dass Sie mit einer negativen Grundhaltung im Alltag eher negative Erfahrungen machen als mit einer positiven. Negative Energien strahlen aus und übertragen sich auf das Gegenüber. Sie erhalten die Energie als Resonanz zurück, die Sie Ihrem Gegenüber aussenden. Somit wird Ihre innere Wahrheit immer wieder aufs Neue bestätigt. Wenn Sie davon ausgehen, dass niemand Sie leiden kann, gehen Sie mit einer negativen Grundhaltung auf andere Leute zu. Diese spiegeln Ihnen die negative Grundhaltung wider und Sie fühlen sich in Ihren negativen Gedanken bestätigt. Man spricht auch von selbsterfüllenden Prophezeiungen.

Beispiel negativer Glaubenssätze:

- Ich bin nicht gut genug.
- Ich kann das nicht.
- Ich bin nicht schön.
- Ich muss nur Essen anschauen, dann nehme ich sofort zu.
- Ich werde doch eh immer belogen und betrogen.
- Mich liebt niemand.
- Ich habe sowieso keine Kondition für Sport.
- Ich verdiene keinen Respekt.
- Ich verdiene keine Liebe.
- Ich verdiene keine Anerkennung.
- Es ist nie genug Geld da.
- Reichtum und Erfolg kommt nur mit harter Arbeit.
- Streit führt unweigerlich zu Trennungen.

Transformation negativer Glaubenssätze in 6 Schritten

Glaubenssätze positiv zu verändern, sollte nicht halbherzig vorgenommen werden, denn es handelt sich schließlich um tief verwurzelte Denk- und Verhaltensmuster. Beharrlichkeit ist daher gefragt, aber das ist es wert. Sie haben die Macht, Ihre eigenen Entscheidungen über Ihr Leben zu treffen und lassen sich nicht von Ihren kognitiven Einschränkungen diktieren.

1. Glaubenssätze erkennen

Um etwas zu verändern, müssen Sie dem destruktiven Faktor zunächst einen konkreten Namen geben. Ansonsten kämpfen Sie wirklich gegen Windmühlen. Wenn Sie die obigen Beispiele negativer Glaubenssätze gelesen haben, werden Sie wahrscheinlich feststellen, dass Sie an den einen oder anderen Satz glauben.

Übung für die Umsetzung in der Praxis:
Nehmen Sie Papier und Stift und schreiben Sie einmal alle negativen Überzeugungen und Glaubenssätze auf, die Ihnen einfallen. Setzen Sie sich dabei nicht unter Druck, manches wird Ihnen auch erst etwas später einfallen.

2. Wo liegt der Ursprung der Glaubenssätze?

Der zweite Schritt besteht darin, die Ursache zu finden. Wenn Sie wissen, woher Ihre negativen Glaubenssätze kommen, können Sie deren wahren Inhalt und vor allem ihre Richtigkeit überprüfen. Hat Ihnen Ihr Lehrer damals in der Schule gesagt, dass Sie nicht schön schreiben können? Haben Sie seitdem alles, was mit dem Thema Schreiben zu tun hat, gemieden, um sich nicht zu blamieren? Fragen Sie sich doch jetzt einmal, wie viel Gewicht Sie den unsensiblen Worten von jemandem beimessen möchten, der seit Jahren nicht mehr Teil Ihres Lebens ist. Wollen Sie wirklich, dass der Schmerz der Vergangenheit Ihre Handlungen nach Jahrzehnten einschränkt? Diese Frage können Sie doch ganz sicher mit einem klaren „Nein" beantworten. Überzeugungen, die in der Kindheit entstehen, sind oft veraltet. Was hält Sie davon ab, heute das auszuprobieren, was Sie gestern nicht konnten? Seien Sie sich darüber im Klaren, dass Sie sich selbst die Möglichkeit nehmen, sich persönlich weiterzuentwickeln, wenn Sie aufgrund Ihrer negativen Überzeugungen weiterhin bestimmte Dinge meiden.

Übung für die Umsetzung in der Praxis:
Nehmen Sie Ihr Papier mit all den aufgeschriebenen Überzeugungen zur Hand und stellen Sie sich zu jedem Glaubenssatz die folgenden Fragen:

- Wieso empfinde ich diesen Glaubenssatz als wahr?

- Kann ich diesen Glaubenssatz mit einem Beweis belegen?
- Welche Beweise sprechen dagegen?
- Was erhoffe ich mir, an der Festhaltung dieser Überzeugung?
- Wie möchte ich stattdessen empfinden?

3. Transformation der Glaubenssätze

Um nun die negativen Überzeugungen zu transformieren, benötigen Sie wieder Ihr Papier mit den Glaubenssätzen und einen Stift, da es jetzt darum geht, aus dem negativen Satz einen positiven Satz zu formulieren. Die positiven Sätze sollten dabei authentisch für Sie klingen. Das ist besonders wichtig, da diese andernfalls die Wirkung verfehlen.

Übung für die Umsetzung in der Praxis:

Nehmen wir hier das Beispiel von Haarausfall. Sie fühlen sich dementsprechend unwohl und auch hässlich. Wenn Sie nun auf Ihrem Zettel den Satz „Ich verliere ständig so viele Haare und bin einfach nur hässlich“ stehen haben, könnte es sich für Sie wie Spott anhören, wenn Sie nun den Satz umformulieren in „Ich habe wunderschönes volles und dichtes Haar“. Formulieren Sie daher solche Sätze vorerst wie folgt um:

- Ich fühle mich attraktiv, auch wenn ich kein volles Haar habe.
- Mein Äußeres bestimmt nicht meinen Selbstwert und ich bin richtig, so wie ich bin.

Gerade, wenn es Ihnen noch schwerfällt, einen positiven Satz zu bilden, sollten Sie mit der Umformulierung nicht radikal vorgehen, denn auch die Psyche benötigt für eine positive Umstellung entsprechend Zeit. In diesem Fall können Sie sich Schritt für Schritt folgendermaßen steigern:

Ausgangssatz: Ich verliere ständig so viele Haare und bin einfach nur hässlich.
Übergangssatz: Ich verliere zwar viele Haare, bin aber deswegen nicht hässlich.
Positiver Glaubenssatz: Ich bin wunderschön und attraktiv.

4. Mit Affirmationen arbeiten

Affirmationen sind selbst bejahende Aussagen, die Sie immer wieder laut oder in Gedanken wiederholen. Dank der ständigen Wiederholung dieser

Sätze verfestigen sie sich als Wahrheit im Gedächtnis. Dies wird Ihr Verhalten und Ihre Gefühle auf Dauer zum Besseren verändern. Einfach ausgedrückt, ist die Affirmation die erste Stufe der aktiven Überzeugung.

Übung für die Umsetzung in der Praxis:
Bleiben wir bei dem Beispiel, bei dem Sie sich nicht schön und attraktiv fühlen. Die folgenden Affirmationen könnten Ihnen in diesem Fall helfen:

- Mit jedem neuen Tag fühle ich mich schöner.
- Mit jedem Sonnenaufgang wächst mein Selbstwertgefühl.
- Ich achte jeden Tag mehr auf meine Bedürfnisse und mich.
- Meine Selbstliebe wird jeden Tag größer.

Tipp:
Schreiben Sie Ihre Affirmationen auf Post-its und kleben Sie diese in Ihrer Wohnung auf, sodass Sie sie jederzeit lesen können. Besonders geeignet ist hier der Spiegel im Badezimmer, so können Sie, direkt nach dem Aufstehen, mit positiven Affirmationen starten und sich für den Tag bestens ausrichten.

5. Die Gestaltung eines Vision Boards
Visuelle Tafeln, auch Traumtafeln oder Zielcollagen genannt, helfen Ihnen dabei, sich die Zukunft vorzustellen und für das Auge sichtbar zu machen, wovon Sie träumen. Dabei handelt es sich um eine von Ihnen erstellte Collage, auf der Sie Ihre Wünsche und Ziele notieren. Sie können alle Ihre Zukunftsträume auf einem Vision Board zusammenfassen oder für jeden Bereich Ihres Lebens eine eigene Collage erstellen. Der Schlüssel liegt nicht darin, schnell und ziellos mit dem Gestalten zu beginnen, sondern der Reihe nach vorzugehen:

Übung zur Umsetzung in der Praxis:
Zunächst benötigen Sie ein ausreichend großes Stück farbigen Karton. Teilen Sie Ihre Zukunftsvision in die nachfolgenden zehn Lebensbereiche auf:

- Beruf und Geld
- Freizeit und Hobby
- Familie
- Freundschaft
- Gesundheit

- Liebe und Partnerschaft
- Spiritualität
- Urlaub
- Wachstum und Persönlichkeitsentwicklung
- Wohnumfeld

Nun unterteilen Sie die Ziele, die Sie in verschiedenen Lebensbereichen verfolgen, in Zeitabschnitte. Was möchten Sie in einem Jahr, fünf und zehn Jahren erreichen? Versuchen Sie, Ihre Ziele so klar und realistisch wie möglich zu formulieren.

Haben Sie Ihre Ziele aufgeschrieben, kommt der kreative Teil. Suchen Sie nach Bildern und motivierenden Zitaten, die Ihre Collage bildlich unterstreichen. Die Wissenschaft hat bewiesen, dass Bilder uns emotionaler ansprechen als Worte. Daher müssen Sie nach den richtigen Bildern suchen, die Ihren Traum möglichst genau widerspiegeln. Sie können im Internet nach passenden Bildern suchen oder Zeitschriften durchblättern und alles Passende ausschneiden. Hängen Sie Ihr fertiges Board sichtbar auf, zum Beispiel in Ihrem Schlafzimmer, Wohnzimmer oder Arbeitszimmer.

6. Aufrechterhaltung der Affirmationen

Bei Schritt vier ging es um das Thema positive Affirmationen. Ihre Wirkung entfalten sie allerdings nur, wenn man sie aufrechterhält und diese sich immer wieder selbst sagt. Oft reicht es nicht aus, sie nur auf ein Blatt Papier zu schreiben und dann ein- oder zweimal zu lesen.

Wenn Sie spüren, dass Ihre negativen Gedanken die Oberhand gewinnen, sagen Sie Ihre Affirmationen laut und deutlich und das gerne mehrmals hintereinander. Der beste Weg, den Effekt zu verstärken, besteht darin, vor einem Spiegel zu stehen und sich dabei selbst in die Augen zu schauen.

Ein weiterer wichtiger Faktor ist die Regelmäßigkeit. Es dauert bis zu 30 Tage, bis sich eine neue Gewohnheit entwickelt und zur Routine wird. Sie können beispielsweise schon morgens nach dem Aufwachen im Bett eine kleine Mantra-Meditation mit Ihren Affirmationen machen.

Einen einheitlichen Zeitpunkt für das Üben von Affirmationen festzulegen, kann eine große Hilfe sein.

Selbstreflexion und Erkennen eigener Denk- und Verhaltensmuster

Zu reflektieren heißt, über etwas sorgfältig nachzudenken.

Durch die Selbstreflexion ermöglichen Sie sich eine umfassende Sicht auf sich selbst, einschließlich aller Gedanken, Emotionen und Handlungen. Ein anderes Wort für Selbstreflexion ist Selbsteinschätzung: Sie beobachten und hinterfragen sich selbst aus einer realistischen und kritischen Sicht. Das Ziel könnte sein, Ihr wahres Bedürfnis zu entdecken, die richtige Entscheidung zu treffen oder aus früheren Erfahrungen zu lernen.

Sich selbst zu reflektieren, ist ein fortlaufender Prozess, der zur Selbstfindung führen kann.

Mithilfe von verschiedenen Fragen und Übungen können Sie regelmäßig bewusst über sich selbst nachdenken und so Erkenntnisse gewinnen. Dies ist auch ein wichtiger Baustein für Ihr inneres Wachstum und in diesem Zusammenhang eine gute Methode, um sich persönlich weiterzuentwickeln.

Bei regelmäßiger Anwendung kann Selbsterkenntnis Ihnen helfen, im Einklang mit Ihren Bedürfnissen zu leben, die richtigen Entscheidungen zu treffen, Konflikte besser zu bewältigen und Ihr Selbstvertrauen und Selbstwertgefühl zu stärken. Um sich selbst zu reflektieren, ist es wichtig, dass Sie sich die richtigen Fragen stellen und sich wirklich die Zeit nehmen, diese zu durchdenken. Und es gibt Fragen, die sich jeder von uns stellen muss, damit wir uns selbst besser verstehen, wie die beispielsweise nachfolgenden:

- Wer bin ich, wenn ich allein bin?
- Was für eine Person wollte ich sein?
- Wer gehört zu meinen wichtigsten Menschen?
- Was heißt für mich Erfolg?
- Aus welchem Grund stehe ich jeden Morgen auf?
- Was ist mein größter Wunsch?
- Was genau hält mich von der Erfüllung ab?
- Worin bin ich gut und worin nicht?
- Bin ich für andere ein guter Freund?
- Macht mir Sterben und der Tod Angst?
- Wie kann ich mich selbst finden?
- Was sind meine Werte und warum sind mir diese wichtig?

- Welche Bedeutung gebe ich Geld in meinem Leben?
- Welche Bedeutung gebe ich Freundschaft und Liebe in meinem Leben?
- Was war bisher in meinem Leben der schönste Moment?
- Wenn ich noch mal von vorne beginnen könnte, was wäre es, was ich anders machen würde?

Wie die Selbstreflexion genau funktioniert

Reflektieren ist nichts, was Sie nur einmal machen und dann als abgehakt sehen können. Selbstanalyse ist ein langer Prozess. Die fünf wichtigsten Säulen für eine erfolgreiche Selbstreflexion sind:

- Geduld
- Ruhe
- Konsequenz
- Ehrlichkeit
- Freundlichkeit

Geduld: Um sich selbst zu reflektieren, benötigen Sie Zeit. Es kann manchmal Wochen oder Monate dauern, die Erkenntnisse aus den verschiedenen Übungen zur Selbstwahrnehmung zu erfassen

Daher ist es eine der wichtigsten Regeln, sich keinen Druck zu machen, sondern Geduld mit sich selbst und dem Prozess zu haben.

Praktizieren Sie die Selbstreflexion so oft wie möglich und erfreuen Sie sich an den kleinen Schritten, die Sie machen, bis Sie ein tiefes Verständnis erlangen.

Ruhe: Selbstreflexion erfordert Zeit und Ruhe. Wenn Sie durch äußere Faktoren wie Fristen, Lärm oder die tägliche Arbeit zu sehr abgelenkt sind, kommen Sie nicht weit. Schließlich geht es um Beobachtung und Reflexion. Daher sollte Ihre gesamte Aufmerksamkeit auf Sie und nur auf Sie gerichtet sein.

Suchen Sie sich am besten einen Ort aus, an dem Sie eine Zeit lang ungestört sind. Es kann auch hilfreich sein, zuerst eine heiße Dusche zu nehmen oder einen Spaziergang zu machen, um Ihre Selbstbeobachtung auf angenehme Weise zu beginnen.

Konsequenz: Wie Sie bereits wissen, ist Selbstreflexion ein nie endender Prozess. Im Leben stoßen Sie immer wieder auf neue Herausforderungen,

Konflikte oder Situationen, in denen Sie sich für oder gegen etwas entscheiden müssen. Je mehr Sie Ihre Selbstwahrnehmung üben, desto leichter wird es Ihnen fallen, Hindernisse zu überwinden oder Probleme zu lösen.

Konsequenz ist Voraussetzung: Machen Sie die Selbstbeobachtung zu einem regelmäßigen Ritual, wie etwa das tägliche Gesichtwaschen oder Sport.

Nehmen Sie sich beispielsweise jeden Abend ein paar Minuten Zeit, um Übungen zu praktizieren, oder beenden Sie Ihre Woche jeden Sonntagabend, indem Sie über die letzten sieben Tage nachdenken.

Ehrlichkeit: Möchten Sie sich selbst reflektieren, sollten Sie Ihre Gedanken, Gefühle und Handlungen realistisch einschätzen und hinterfragen. Es funktioniert nur, wenn Sie völlig ehrlich zu sich selbst sind.
Etwas lediglich schönzureden und sogar unehrlich zu sein, hilft nicht, sondern wird Sie nur von sich selbst wegtreiben und nicht in Richtung eines erfüllten Lebens. Wenn Sie sich zum Beispiel vorlügen, dass die Arbeit gar nicht so schlecht ist, die Sie jeden Tag ausüben, oder wenn Sie davon träumen, auf dem Land zu leben, obwohl Sie die Stadt viel lieber haben, dann werden Sie am Ende nicht glücklich sein. Auch wenn die Wahrheit manchmal beängstigend und verletzend sein kann, wählen Sie den richtigen Weg und bleiben Sie beim Reflektieren ehrlich.

Freundlichkeit: Zu guter Letzt, seien Sie wohlwollend mit sich selbst. Reflexion sollte keine Strafe sein oder das Selbstwertgefühl mindern, denn manchmal kann Ihr innerer Kritiker sehr hart zu Ihnen sein. Seien Sie also nicht zu streng mit sich und Ihrer eigenen Einschätzung. Sie sind immer noch ein menschliches Wesen und diese machen nun mal Fehler.

Üben Sie weiterhin die Selbstreflexion, doch bleiben Sie freundlich mit sich selbst.

Definition des inneren Kritikers:
Die Stimme, die in unserem Kopf regelmäßig zu uns spricht und immer wieder unsere Schwächen und die Unsicherheiten betont, ist der innere Kritiker. Sich wiederholende, negative und limitierende Sätze wie „Ich kann das nicht" oder „Ich bin dafür nicht schön genug" blockieren uns. Es sind negative Selbstgespräche, oft übertrieben und fernab der Realität.

Übungen zur Selbstreflexion

Neben den oben genannten Fragen, die Sie sich zur Selbstreflexion stellen können, gibt es auch noch weitere Übungen. Darunter zum Beispiel das Meditieren, was in diesem Ratgeber bereits vorgestellt und näher erläutert wurde. Doch es gibt auch eine Übung, die zu zweit gemacht werden kann, mit dem Partner, einem Freund oder einem Elternteil.

Das Zwiegespräch

Setzen Sie sich mit der Person Ihrer Wahl Rücken an Rücken auf den Boden. Stellen Sie einen Timer auf Ihrem Handy auf 10 Minuten ein. In diesen 10 Minuten dürfen Sie nun beide über Ihre persönlichen Themen sprechen. Nach insgesamt 20 Minuten können Sie beide sich wieder zueinander drehen und über das Gesagte nacheinander reflektieren und austauschen.

Das Abendritual

Eine weitere Übung ist ein Abendritual. Hier können Sie, bevor Sie ins Bett gehen oder auch wenn Sie bereits im Bett sind, Ihren Tag Revue passieren lassen. Denken Sie daran, was Sie heute erlebt haben, wie Sie sich heute gefühlt haben, was heute besonders gut war und was Sie morgen eventuell besser machen können.

Tipp: Schließen Sie das Ritual mit einem positiven Gedanken ab, beispielsweise, was Sie heute richtig gut gemacht haben oder worauf Sie stolz sind, denn negative Gedanken und Grübeleien können sich schlecht auf den Schlaf auswirken.

Stressmanagement und emotionale Selbstregulierung

Wenn der Stress nahezu unerträglich und hoch wird, ist es oft zu spät, Stress effektiv zu bewältigen. Prävention ist daher das Zauberwort und besonders wichtig, wenn es darum geht, den Stress bestmöglich zu reduzieren und zu verhindern. Es kann erlernt werden, aufgrund der zahlreichen Techniken zur Bewältigung von Stress. Stressmanagement befasst sich mit Stressfaktoren und Stresssituationen sowie Möglichkeiten, mit Stress umzugehen. Warum es zum Stress überhaupt kommt, hat bei jedem Menschen individuelle Gründe. Stress belastet jedoch sowohl Körper als auch Geist.

Stress selbst kann von vielen unterschiedlichen Dingen ausgelöst werden. Bereits bei Teenagern kommt es, meist durch die Schule, zu Stress. Doch auch ständig steigende Anforderungen führen zu Druck. Der Chef fordert beispielsweise immer mehr. Dauerhaft müssen Sie erreichbar sein und eine Mail nach der nächsten kündigt sich im Postfach an. Dies macht es schwierig, zur Ruhe zu kommen.

Viele Menschen haben aber auch sehr hohe Erwartungen an sich selbst, was ebenfalls zu einem erhöhten Stresslevel führen kann. Es ist oft schwierig, Beruf, Familie und Freunde unter einen Hut zu bringen, was zusätzlich zu Stress führt. Weitere Stressfaktoren können Streitigkeiten und finanzielle Probleme sein.

Stress und die Auswirkungen auf den Körper

Obwohl Stress im Kopf entsteht, wirkt sich dieser auch auf den Körper aus. Darunter gehören Kopfschmerzen und Herzrasen, aber auch Schlafstörungen und Rückenprobleme. Weiterhin kann Stress zu Krankheiten führen wie Magen-Darm-Erkrankungen, Entzündungen und Stoffwechselkrankheiten.

Das Hormon Cortisol, welches durch Stress vermehrt in der Nebenniere produziert und ausgeschüttet wird, kann im ungünstigen Fall dafür sorgen, dass die Infektanfälligkeit stark zunimmt und Reizdarmsymptome auftreten. Eine zu große Menge an Cortisol führt außerdem zu Depressionen, starker Schmerzempfindlichkeit und zur Gefahr, an Diabetes zu erkranken.

Strategien zur Prävention und zur Bewältigung von Stress

Glücklicherweise gibt es eine große Anzahl an Möglichkeiten, den Stress abzubauen und wieder mehr Ruhe ins System zu bringen. Vorne mit dabei ist Stressmanagement. Beim Stressmanagement erfahren Sie, wie Sie Stresssituationen besser bewältigen, wie Sie resistenter gegen Stress werden und bekommen einige Strategien an die Hand, die Ihnen helfen, resistenter zu werden. Sie werden sich auch Ihres zu hohen Stressniveaus immer bewusster und vor allem können Sie die Ursachen besser erkennen, die bei Ihnen zu Stress führen. Mit Tipps zum Stressabbau erfahren Sie, wie Sie Stress besser bewältigen und was Sie machen können, um Stress von vornherein zu vermeiden.

Erkennen Sie den Stress

Es ist wichtig, sich zunächst bewusst zu machen, dass Sie unter Stress stehen. Es gibt häufig noch Menschen, denen lange Zeit nicht klar ist, dass Stress mittlerweile die Oberhand gewonnen hat und der Zustand der Überlastung längst erreicht wurde. Es ist keine Schande, zuzugeben, dass Sie sich überfordert fühlen. Oft ist es hilfreich, seine Gedanken aufzuschreiben, um sich einen Überblick über die Situation zu verschaffen. Außerdem verlassen negative Gedanken den Kopf, wenn diese auf ein Blatt Papier gebracht werden.

Unter den Punkt „Stress erkennen“ gehört auch, zu wissen, welche Situationen im Besonderen zu Stress bei Ihnen führen. Da nicht jeder Mensch in denselben Situationen die gleiche Art Stress empfindet, sollten Sie Ihre persönlichen Stressfaktoren erkennen. Sie können dann gezielt auf Ihre Stressreaktion eingehen und sogar Stressfaktoren vermeiden.

Kommunizieren Sie Ihren Stress

Mit Familie und Freunden über den eigenen Stress zu sprechen, kann eine große Hilfe sein. Wenn Sie über Probleme, Wut oder Frustration sprechen, lastet es nicht mehr auf Ihrer Seele, sondern Sie lassen es los und geben dem Stress Raum.

Wenn Sie mit geliebten Menschen zusammen sind, denen Sie sich anvertrauen können, verhilft dies zu mehr Sicherheit und Gelassenheit, als wenn Sie allein über Ihre Sorgen nachdenken. Negative Emotionen lassen schneller nach und sich leichter bewältigen. Darüber hinaus wird im

Gespräch häufig nach Mitteln und Wegen gesucht, um die Situation zu verbessern. Ein Außenstehender hat eine andere Sicht auf die Lage und kann Ratschläge und Lösungen anbieten, auf die Sie in Ihrem Zustand nicht gekommen wären.

Ändern Sie Ihre innere Einstellung

Eine weitere Strategie, um Stress abzubauen, ist, die innere Einstellung zu ändern, denn Stress ist immer eine subjektive Wahrnehmung. Sobald Sie es erkennen und akzeptieren, dass Sie gerade unter Stress stehen, können Sie Ihren Umgang mit Stress ändern. Es geht vor allem darum, negatives Denken sowie „Muss"- oder „Kann"-Ausdrücke zu vermeiden und stattdessen anzuerkennen, dass Sie (mit-)verantwortlich für Ihre Situation sind und diese daher selbst ändern können.

Der erste Schritt sind positive Führung und Ziele wie „Ich will", „Ich kann" und „Ich werde".

Bewegen Sie sich und treiben Sie Sport

Wie Sie bereits wissen, senkt Sport im präfrontalen Cortex die Aktivität, was automatisch zur Minderung von Stress beiträgt. Gehen Sie spazieren, joggen oder verwenden Sie für kürzere Wege das Fahrrad. Sie werden schnell feststellen, dass Bewegung sowohl positiv für den Körper als auch für die Psyche ist.

Achten Sie auf Ihre Ernährung

Ernährung hat einen großen Einfluss auf Stress und spielt eine wichtige Rolle, wenn es darum geht, Stress zu bewältigen. In stressigen Zeiten greifen viele Menschen vermehrt zu Süßigkeiten oder Fast Food und erhöhen den Konsum von Kaffee. Dies ist jedoch sehr kontraproduktiv, da die Psyche auf den Darm einwirkt und der Darm wiederum auf die Psyche. Die Prozesse, die im Gehirn stattfinden, werden durch den Verzehr von zum Beispiel Bananen, Nüssen und grünem Gemüse positiv beeinflusst und das Glückshormon Serotonin wie auch der Botenstoff Dopamin können häufiger produziert werden. Weiterhin wird der Bluthochdruck mit Lebensmitteln wie Ölen mit ungesättigten Fettsäuren, frischem Obst und Fisch gesenkt. Die Nerven profitieren von Vitamin B1, was in Hülsenfrüchten, Kartoffeln und Fleisch zu finden ist. Sollten Sie noch eine eher unausgewogene Ernährung haben, ist jetzt ein guter Zeitpunkt, diese zu ändern.

Teilen Sie sich Ihre Zeit ein

Ein bewusster Umgang mit Zeit und damit ein gutes Zeitmanagement sollte immer Pausen einschließen. Setzen Sie sich Prioritäten und starten Sie am besten mit einer To-do-Liste. Diese zeigt Ihnen die besonders wichtigen Aufgaben im oberen Bereich auf, während weiter unten alle Punkte stehen, die verschoben oder delegiert werden können. Beachten Sie dabei, dass Sie nach jeder Stunde eine Pause von mindestens fünf Minuten, besser noch 15 Minuten, einhalten. Markieren Sie wichtige Termine in Ihrem Kalender und planen Sie entsprechend Ihren Tag.

Sie sollten Unterbrechungen Ihrer Arbeit auch minimieren, indem Sie Ihr Mobiltelefon oder Apps, wie soziale Medien, ausschalten. Es hilft Ihnen, eine konsistente Zeitspanne einzuplanen, zum Beispiel zweimal am Tag, um Ihre E-Mails zu lesen.

Wie Sie außerdem noch Stress abbauen und diesem vorbeugen können, erfahren Sie unter nachfolgenden Anregungen.

Atmen Sie auf der „richtigen Seite"

Haben Sie schon einmal etwas davon gehört, dass Sie eher durch die Nase als durch den Mund einatmen sollen? Obwohl die Atmung ein natürlicher Automatismus ist, so gibt es nichts Kraftvolleres als unseren Atem.

Vorgehensweise:

Für diese Atmung halten Sie Ihren rechten Nasenflügel zu und atmen Sie nur durch Ihr linkes Nasenloch, denn diese Atmung wirkt entspannend.

Der Grund für die eintretende Entspannung ist die Verbindung zwischen Nase und Gehirn. Beide Nasenlöcher sind mit den gegenüberliegenden Hirnarealen verbunden. So ist das linke Nasenloch mit dem parasympathischen Nervensystem verbunden, welches die Körpertemperatur und den Blutdruck senkt und Angst reduziert. Ihr Körper entspannt sich automatisch.

Die 4-7-8-Atmung

Die 4-7-8-Atmung, eine heutzutage bekanntere Atemtechnik, dient der Entspannung und inneren Ruhe. Sie kann Angstzustände lindern und das Einschlafen verbessern.

Vorgehensweise:

Legen Sie für diese Atmung Ihre Zungenspitze hinter die oberen vorderen Zähne sanft auf das Zahnfleisch. Atmen Sie zunächst so lange aus, bis die gesamte Luft aus Ihren Lungen entwichen ist. Halten Sie Ihren Mund sanft geschlossen und atmen nun vier Sekunden durch die Nase ein. Spüren Sie dabei, wie sich Ihre Bauchdecke hebt, und halten den Atem für sieben Sekunden an. Bleiben Sie dabei ganz entspannt und wenn Sie die sieben Sekunden nicht durchhalten, macht das nichts. Atmen Sie nun durch Ihren Mund die Luft acht Sekunden lang aus. Dabei können Sie wahrnehmen, wie sich Ihre Bauchdecke wieder senkt. Diese Technik dürfen Sie so lange und so oft wie Sie möchten anwenden oder so lange, bis eine Ruhe in Ihnen einkehrt.

Waldbaden

Gehen Sie raus in die Natur. In den Wald oder wo immer Sie sich wohlfühlen. Verbinden Sie sich mit Mutter Erde und atmen Sie auch hier bewusst ein und aus. Atmen Sie die Kraft der Natur ein und geben Sie beim Ausatmen alles an die Erde, was Sie schwer sein lässt und belastet. Sie können sich vorstellen, wie ein Lichtstrom mit Ihrer Last aus Ihren Füßen in die Erde fließt und dort transformiert wird. Lehnen Sie sich auch gerne an einen Baum und nehmen Sie bewusst die Lebenskraft und Energie dieses Baumes wahr. Stellen Sie sich vor, wie diese Kraft auch an Sie übergeht und wie Sie sich tief mit der Erde verwurzeln, in dem Wissen, dass Sie immer getragen sind von Mutter Erde.

Tipp:

Wenn es Ihnen möglich ist, gehen Sie bei hohen Temperaturen viel barfuß, da sich der Körper dadurch optimal erden und das elektromagnetische Gleichgewicht wieder herstellen kann.

Meditation

Meditieren richtet langfristig die Gefühlswelt neu aus. Es kann unsere Emotionen positiv beeinflussen, denn Meditation trainiert das limbische System, das in unserem Gehirn für die Verarbeitung von Emotionen verantwortlich ist. Dieses Tool ist ein wahrer Vollbringer von Wundern. Die unterschiedlichen Arten der Meditationen bringen ihren ganz individuellen Erfolg. So lässt sich durch Meditieren das Selbstbewusstsein und die Selbstliebe stärken, doch auch Ängste und Emotionen können aufgelöst oder gleich am Morgen der Weg für einen positiven Start in den Tag geebnet werden.

Entspannungsmeditation:
Legen Sie sich gemütlich auf den Rücken in Ihrem Bett oder auf die Couch und atmen einmal ganz bewusst tief ein und aus. Stellen Sie sich nun vor, wie Lichtwurzeln von Ihrem Körper in die Erde hineinwachsen und Sie verbinden mit der Energie von Mutter Erde. Spüren Sie die Stabilität und die Kraft und fühlen Sie, wie Sie getragen und beschützt werden. Ziehen Sie all die Qualitäten von Mutter Erde durch Ihre Lichtwurzeln in Ihren Körper. Stellen Sie sich jetzt vor, wie aus dem Himmel, aus der Weite des Universums ein heller Lichtstrahl durch Ihr drittes Auge, der Punkt zwischen Ihren Augenbrauen, in Ihren Körper fließt und Sie umhüllt. In dieser Verbindung mit Himmel und Erde sprechen Sie folgende Sätze: „Ich bin vollkommen entspannt. Mein Herz schlägt ruhig und gleichmäßig. Ich fühle mich leicht wie eine Feder und ich bin absolut beschützt. Ich kann spüren, wie ein heller weiß-goldener Lichtstrahl durch meinen ganzen Körper strömt und alle Anspannung auflöst. Ich bin frei von allen negativen Gefühlen und Emotionen. Ich bin wunderbar und ich bin richtig." Schenken Sie sich nun ein liebevolles Lächeln und lassen Sie die Worte in alle Ihre Zellen fließen. Atmen Sie bewusst tief durch die Nase ein und durch den Mund wieder aus. Öffnen Sie nun Ihre Augen und tragen Sie die Leichtigkeit raus in Ihren Tag.

Gamut Point Technik

Ganz besonders diese Technik, eine Art Klopfakupressur, hilft Ihnen dabei, Ihre Emotionen, welche Sie im Moment überwältigen oder mit denen Sie nicht wissen umzugehen, erst einmal zu neutralisieren und die emotionale Spannung rauszunehmen. Sie hilft Ihnen dabei, Ihre beiden Gehirnhälften und Ihr Herz wieder miteinander zu harmonisieren und zu synchronisieren. Der Gamut Punkt ist der Punkt zwischen dem Mittelhandknochen des kleinen Fingers und des Ringfingers auf der Rückseite der Hand. Dieser Punkt wird nun mit dem Ring- oder Zeigefinger, gerne auch mit beiden Fingern, geklopft. Welche Hand Sie hierfür nehmen, spielt keine Rolle.

Vorgehensweise: Stellen Sie sich zunächst die Frage: „Welches Gefühl macht mich gerade wütend, triggert oder verängstigt mich?"

Führen Sie im Anschluss die nachfolgenden Schritte der Reihe nach aus:

1. Klopfen Sie den Gamut Punkt und konzentrieren Sie sich auf das Gefühl, welches Sie in der vorangegangenen Frage benennen konnten. Bewerten

Sie nun dieses Gefühl anhand einer Skala von 1 bis 10. Wie stark ist es? Atmen Sie dabei tief ein und aus und klopfen Sie einfach nur diesen Punkt.

2. Legen Sie Ihre Hände auf Ihren Schoß und schließen Sie kurz Ihre Augen.
3. Öffnen Sie die Augen wieder.
4. Schauen Sie einmal nach rechts unten, schauen Sie dann nach links unten.
5. Drehen Sie Ihre Augen einmal im Uhrzeigersinn.
6. Drehen Sie Ihre Augen nun einmal gegen den Uhrzeigersinn.
7. Summen Sie danach für etwa 10 Sekunden ein Lied, welches Sie mögen.
8. Danach zählen Sie rückwärts von fünf auf eins herunter.
9. Summen Sie noch einmal Ihr Lied und schließen anschließend Ihre Augen. Atmen Sie nun tief ein und aus. Wie intensiv ist dieses Gefühl auf einer Skala von 1 bis 10 jetzt?

Sie können diese Methode so oft Sie wollen wiederholen, bis die Emotion auf der Skala bei null ist.

Erklärung:
Das Summen unterstützt unsere rechte Gehirnhälfte (kreative Seite) und das Herunterzählen von fünf auf eins dient der linken Gehirnhälfte (rationale Seite). Durch die Übung und das Bewegen der Augen (die Augen sind mit dem Gehirn verbunden) werden die Gehirnhälften auch wieder miteinander synchronisiert.

Tipp:
Halten Sie Ihren Kopf bei den Augenbewegungen gerade.

Emotionale Selbstregulierung

Neben den vielen Methoden und Möglichkeiten, den eigenen Stress wieder zu minimieren oder zu verhindern, ist auch eine emotionale Selbstregulation sehr wichtig. Manche Menschen sind in der Lage, die eigenen Emotionen besser zu kontrollieren als andere. Dies liegt an der hohen emotionalen Intelligenz, da sie sich der eigenen Emotionen sowie der Emotionen anderer bewusst sind. Natürlich haben auch diese Menschen mit negativen Gefühlen und Emotionen zu kämpfen, doch sie entwickeln einfach Bewältigungsstrategien, die es ihnen ermöglichen, schwierige Emotionen selbst zu regulieren.

Die gute Nachricht ist, dass emotionale Selbstregulierung keine statische Eigenschaft ist. Fähigkeiten zur Emotionsregulation können im Laufe der Zeit erlernt und perfektioniert werden. Wenn Sie lernen, mit negativen Erfahrungen umzugehen, kann dies Ihrer geistigen und körperlichen Gesundheit zugutekommen.

Strategien zur Emotionsregulierung

Schaffen Sie Abstand

Emotionen kommen in der Regel ganz plötzlich hoch. Wir sagen uns nicht „Jetzt bin ich aber wütend", sondern wir fahren augenblicklich wutentbrannt aus der Haut. Die wichtigste Fähigkeit ist das Innehalten. Machen Sie sich selbst das Geschenk und halten inne, denn das erleichtert es Ihnen, mit Emotionen umzugehen. Sobald Sie innehalten, wird der Abstand zwischen Auslöser und Reaktion automatisch erhöht.

Nehmen Sie die eigenen Gefühle wahr

Ebenso wichtig ist Ihre Fähigkeit, sich Ihrer Gefühle bewusst zu sein.

Hören Sie auf sich selbst, dadurch stellen Sie fest, wo Sie die Empfindungen in Ihrem Körper spüren. Schlägt es Ihnen auf den Magen oder beschleunigt sich Ihr Puls? Spüren Sie eine Dehnung im Nacken oder Kopf?

Ihre körperlichen Symptome können ein Signal dafür sein, dass Sie Emotionen erleben. Die Beschäftigung mit dem, was körperlich mit Ihnen geschieht, kann Sie ablenken und die Intensität der Empfindungen verringern.

Geben Sie Ihren Gefühlen einen Namen

Sobald Sie Ihre Gefühle erkannt haben, können Sie ihnen einen Namen geben, das hilft, die Kontrolle darüber zu behalten, was vor sich geht. Wie können Sie die erlebten Emotionen gerade beschreiben? Fühlen Sie Frustration, Wut, Trauer oder Groll? Wie würden Sie die Emotionen beschreiben, die Sie erleben?

Angst ist dabei die stärkste Emotion, diese versteckt sich nur gerne hinter anderen Emotionen.

Einige von uns erleben viele Emotionen gleichzeitig. Benennen Sie daher gerne viele der Emotionen, die Sie möglicherweise gerade erleben. Steigen Sie dann etwas tiefer in Ihre Emotionen ein.

Wenn Sie beispielsweise die Emotion Angst benennen können, fragen Sie sich, wovor Sie genau Angst haben. Wenn Sie die Emotion Wut benennen können, fragen Sie sich, worüber Sie sich ärgern. Sobald Sie wissen, welchen Namen Ihre Gefühle tragen, kommen Sie der Kommunikation Ihrer Gefühle mit anderen einen Schritt näher.

Nehmen Sie Ihre Emotionen an

Emotionen sind ein normaler und natürlicher Teil unserer Reaktion auf Situationen. Geben Sie nicht sich selbst die Schuld an Ihrer Wut oder Angst, sondern erkennen Sie, dass Ihre emotionalen Reaktionen berechtigt sind. Versuchen Sie, Mitgefühl und Vergebung für sich selbst zu üben. Sie dürfen anerkennen, dass es völlig normal und eine menschliche Reaktion ist, Emotionen zu erleben.

Üben Sie Achtsamkeit

Dieser Punkt wurde in diesem Ratgeber bereits erwähnt. Achtsamkeit hilft uns, „im Moment zu leben“. Nutzen Sie Ihre Sinne, um offen für das zu sein, was um Sie herum geschieht. Diese Fähigkeit kann Ihnen helfen, ruhig zu bleiben und negative Gedanken zu vermeiden, wenn Sie einen emotionalen Ausbruch haben.

Praxisübungen und Techniken zur Stärkung der Selbstwahrnehmung und des Selbstmanagements

Als Ursache für viele Krankheiten und weitere Probleme ist häufig eine gestörte Selbstwahrnehmung ursächlich. Oftmals wird eine immer größere Erschöpfung und Hilflosigkeit gespürt, doch woher diese führt, ist meist nicht auf den ersten Blick klar.

Im Wörterbuch wird die Selbstwahrnehmung als Bewusstsein der eigenen Persönlichkeit definiert. Hinter dieser einfach klingenden Beschreibung verbergen sich jedoch wichtige Aspekte. Darüber hinaus fördert es die Selbstfindung, die es Ihnen wiederum ermöglicht, in einer Welt voller Informationen und Überlastung bei sich selbst zu bleiben und so zu leben, wie Sie es sich vorgestellt haben.

Das Wort „Selbstwahrnehmung“ klingt doch etwas weit hergeholt und realitätsfern, doch sie ist ein wichtiger Baustein für unsere psychische Gesundheit. Das Konzept der Selbstwahrnehmung ist eng mit dem Begriff Achtsamkeit verbunden. Wenn wir bewusst leben, können wir uns auch sehr gut selbst wahrnehmen. Ein Mensch, der gut wahrnimmt, ist oft „bei sich“, hört auf sich selbst, spürt sich selbst, nimmt seine Bedürfnisse und Gefühle wahr, spürt sein Inneres oder hört seine innere Stimme, handelt instinktiv und sieht, was ihm guttut.

Der Unterschied zwischen Selbstwahrnehmung und Fremdwahrnehmung

Sie gehen selbstverständlich nicht allein durch diese Welt, sondern gemeinsam mit anderen, wie beispielsweise Ihrer Familie, dem Partner und Freunden. Diese Menschen nehmen Sie umgekehrt auch auf irgendeine Weise wahr. In dem Fall spricht man von Fremdwahrnehmung.
Manchmal ist das Bild von sich selbst und das Bild, das andere über einen haben, unterschiedlich. Doch woran liegt das?

Die Vorstellung von Ihnen selbst und das Bild der Menschen, die um Sie herum sind, stimmen nicht hundertprozentig überein – nicht jeder ist in der Lage, alles über Sie zu sehen, und Sie werden auch nicht alles über sich selbst wissen. Diese beiden Bilder beeinflussen sich auch gegenseitig. Wenn Ihnen ständig gesagt wird, wie lustig Sie sind oder auch wie wenig Talent Sie besitzen, wird dies Ihnen nicht gleichgültig sein. Das gilt sowohl für positive als auch für negative Aussagen.

Die Art, wie wir uns selbst wahrnehmen, reicht nur bis zu einem bestimmten Punkt, denn der sogenannte blinde Fleck bleibt uns verborgen.

Mit anderen Worten: Eigenschaften, die andere in uns sehen, wir aber nicht in uns selbst.

Übungen zur Verbesserung der Selbstwahrnehmung

Eines ist wichtig zu wissen: Es ist niemals zu spät für Veränderungen. Selbst wenn Sie jahrelang nicht mehr über sich selbst und die eigene Wahrnehmung nachgedacht haben, kann heute der erste Tag sein.

Es kann zunächst schwierig sein, auf sich selbst zu hören. Es erfordert Kraft, eine ruhige und gelassene Selbstreflexion bei sich durchzuführen, aber es ist es wert.

Nachfolgend erhalten Sie wertvolle Tipps für eine bessere Selbstwahrnehmung:

Machen Sie einen Termin mit sich selbst aus

Bei einer Verabredung mit sich selbst sollten Sie bestenfalls an einem Ort sein, an dem Sie sich wohlfühlen, in einer ungestörten und ruhigen Atmosphäre. Versuchen Sie, sich nicht ablenken zu lassen, legen Sie Ihr Handy weg oder schalten Sie es aus. Sagen Sie Ihren Lieben, dass Sie in dieser Zeit nicht gestört werden möchten. Schon alleine dieser Schritt kann für den einen oder anderen eine Herausforderung darstellen. Obwohl viele von uns sich nach Ruhe und Frieden sehnen, haben wir fast vergessen, wie man sich am besten für eine Weile zurückzieht. Nehmen Sie sich Zeit zum Nachdenken und philosophieren Sie über Ihr Leben, auch wenn dies zunächst überwältigend sein kann.

Beginnen Sie im ersten Schritt mit Ihrer aktuellen Lebenssituation. Fragen Sie sich, wie gut es Ihnen momentan geht. Denken Sie über die Probleme nach, die Sie beschäftigen, und schreiben Sie alles auf, was Ihnen in den Sinn kommt. Lassen Sie Ihren Gedanken freien Lauf, ohne sie zu beurteilen.

Schreiben Sie Tagebuch

Tagebuch zu schreiben, ist eine sehr gute Methode, um wieder einen besseren Zugang zu sich selbst zu bekommen, dabei kann dies analog oder digital erfolgen. Es dient dem täglichen Blick auf sich selbst und der Einschätzung von Ereignissen, vor allem aber den Emotionen. Sie zwingen sich also zu der Frage: „Wie fühle ich mich?" Am besten lassen Sie Ihren Tag am Abend Revue passieren und schreiben alles nieder, was Sie erlebt und wie Sie sich dabei gefühlt haben. Beginnen Sie am besten jetzt mit Ihrem ersten Eintrag, auch wenn dieser nur 3 Zeilen lang ist. Denken Sie daran, dass neue Gewohnheiten etwas Zeit brauchen, bis diese sich im Alltag etabliert haben.

Kommen Sie zur Ruhe durch Atemtechniken und Meditationen

Wenn Sie schon ein Date mit sich selbst haben, können Sie im gleichen Zug auch eine Atemübung und / oder eine Mediation einbauen. Für die Atmung können Sie die 4-7-8-Atmung verwenden, wie im Unterkapitel **„Stressmanagement und emotionale Selbstregulierung"** beschrieben. Als Meditation eignet sich eine Fantasiereise oder eine Chakrenmeditation. Anregung finden Sie in den beiden nachfolgenden beschriebenen Beispielmeditationen.

Fantasiereise:

Legen Sie sich für diese Reise in die Rückenlage. Die Arme seitlich neben dem Körper, mit den Handflächen nach oben gerichtet, und die Beine etwa hüftbreit auseinander. Atmen Sie ein paarmal tief durch die Nase in den Bauch ein und durch den Mund wieder aus. Wiederholen Sie diese Atmung so lange, bis eine Ruhe in Ihnen einkehrt und Sie ganz bei sich ankommen. Sollten Gedanken Ihren Geist durchkreuzen, schieben Sie sie liebevoll wie Wolken beiseite und konzentrieren sich wieder auf Ihre Atmung. Atmen Sie nun in Ihr Herz und spüren Sie, wie Sie dort gehalten werden. Sie sehen jetzt eine Tür, durch die Sie langsam hindurchgehen, und kommen auf einer wunderschönen Wiese an. Dort sehen Sie einen Weg, den Sie entlanggehen. Sie schauen sich um und werden viele verschiedene farbenfrohe Blumen entdecken, Bäume, deren Blätter sich sanft im Wind hin und her bewegen, und Sie gehen weiter und weiter, bis Sie an einem spiegelglatten See ankommen. Dort setzen Sie sich auf die Wiese und legen sich ins Gras. Die Sonne ist angenehm warm und scheint auf Ihr Gesicht. Sie hören die Vögel zwitschern und können den Moment ganz und gar genießen. Spüren Sie die Erde unter Ihnen, wie diese Sie hält und trägt. Atmen Sie die Lebensenergie von Mutter Erde ein und verbinden Sie sich mit all Ihren Ressourcen. Bleiben Sie noch für einige Atemzüge liegen, bevor Sie wieder aufstehen und den Weg langsam bis zur Türe wieder zurückgehen und in Ihrem Herzen ankommen. Atmen Sie in Ihr Herz ein und aus und schenken ein liebevolles Lächeln in Ihre innere Welt. Vertiefen Sie nun wieder Ihre Atmung und atmen durch die Nase ein und durch den Mund wieder aus. Öffnen Sie Ihre Augen und kommen zurück ins Hier und Jetzt.

Exkurs: Was sind Chakren?

Das Wort Chakra kommt aus dem Sanskrit und bedeutet so viel wie Rad. Die Chakren sind unsere Energiezentren im Körper und entlang der Wirbelsäule miteinander verbunden und jeweils einem bestimmten Körperbereich zugeordnet. Sobald unsere Chakren geöffnet sind, kann die Energie frei im Körper fließen, das heißt, die Chakren fungieren etwa wie Pumpen, die dafür verantwortlich sind, Energie von außen aufzunehmen und in das menschliche Energiesystem einzuspeisen. Je nach persönlicher Entwicklung und Bewusstseinszustand werden Chakren jedoch auf unterschiedliche Weise gebildet. Ihre Zusammensetzung bestimmt die Energiemenge, die in den Körper gelangt. Im besten Fall drehen sich die Energiewirbel schnell, leuchten hell und unterscheiden sich in der ihnen zugewiesenen Farbe. Im Hinduismus/Buddhismus spricht man von einem „erleuchteten Menschen", wenn alle sieben Chakren vollständig geöffnet sind und die Lebensenergie (Prana) ungehindert fließt.

Insgesamt gibt es sieben Chakren:

- das Wurzelchakra
- das Sakralchakra
- der Solarplexus

- das Herzchakra
- das Halschakra
- das Stirnchakra oder drittes Auge
- das Scheitelchakra oder Kronenchakra

Wurzelchakra:
Im Wurzelchakra ist unsere Lebenskraft, die Verbindung zur Erde und Verbindung zu uns selbst verankert. Das Wurzelchakra gibt uns Gelassenheit und Standfestigkeit. Auch unsere Beziehung zur Materie ist hier.
Sitz: am unteren Ende der Wirbelsäule
Farbe: Rot

Sakralchakra:
Im Sakralchakra ist die weibliche Energie, die kreative Lebensenergie und Sinnlichkeit zentriert. Mit der Aktivierung des Sakralchakras können Kreativität, Selbstvertrauen und Lebenslust zum Ausdruck gebracht werden.
Sitz: etwa drei fingerbreit unterhalb des Bauchnabels im Unterleib
Farbe: Orange

Solarplexus:
Der Solarplexus, auch Sonnengeflecht genannt, ist das zentrale Depot für die Lebensenergie. Hier ist der Sitz unserer Persönlichkeit. Somit werden bewusste Ziele und Veränderungen von Emotionen und Bedürfnissen angetrieben. Das dritte Chakra gilt als Reserveenergiequelle des Körpers und wird vom Feuer des Solarplexus angetrieben. Es gibt Kraft, Zuversicht und Selbstvertrauen.
Sitz: etwas oberhalb des Bauchnabels
Farbe: Gelb

Herzchakra:
Das Herzchakra ist das Zentrum der Liebe. Hingabe, Selbstlosigkeit, Mitgefühl, Sicherheit, Toleranz und Heilung sind nur einige der Eigenschaften, die ihm zugeschrieben werden. Die Schönheit der Natur und der Kunst wird vom Herzchakra gesehen.
Sitz: auf Höhe des Herzens

Farbe: Grün

Halschakra:
Das Halschakra gilt als Kommunikationszentrum und Ort der Wahrheit. Darüber hinaus drückt es unsere Gedanken und Gefühle aus, hilft, unsere innere Stimme zu spüren, und ist das Tor zu höheren Bewusstseinsebenen.
Sitz: im Bereich des Halses
Farbe: Hellblau / Türkis

Stirnchakra oder drittes Auge:
In diesem Chakra ist der Sitz der Intuition und von Geist und Verstand. Dem dritten Auge wird die Kraft der Visualisierung sowie die Wahrnehmung der außersinnlichen Dinge und die Entwicklung innerer Emotionen und geistiger Fähigkeiten zugeschrieben.
Sitz: zwischen den Augenbrauen
Farbe: Dunkelblau

Scheitelchakra:
Das Scheitelchakra, auch Kronenchakra genannt, ist das Tor zum Universum und das Chakra des höheren Wissens. Glaube und Vertrauen an Gott, Spiritualität, Freiheit, Vollkommenheit und Demut vor dem großen Universum.
Sitz: auf dem höchsten Punkt des Kopfes
Farbe: Violett

Chakrenmeditation:
Legen Sie sich für die Chakrenmeditation ganz bequem in Rückenlage hin, platzieren Sie die Arme locker neben dem Körper, mit den Handflächen nach oben gerichtet, und die Beine etwa hüftbreit auseinander. Atmen Sie nun einige Male tief durch die Nase in den Bauch ein und durch den Mund wieder aus. Entspannen Sie mit jedem Ausatmen bewusst Ihre Muskeln und sinken Sie tiefer in die Oberfläche, auf der Sie liegen. Spüren Sie, wie Ihr Körper mit jedem Einatmen mit neuer Energie aufgeladen wird und mit jedem Ausatmen noch tiefer entspannt. Wiederholen Sie diese Atmung so lange, bis eine Ruhe in Ihnen einkehrt und Sie ganz bei sich ankommen. Richten Sie nun Ihre Aufmerksamkeit bewusst auf Ihr Wurzelchakra und

stimmen Sie sich auf dieses ein. Sagen Sie in Ihren Gedanken: „Ich konzentriere mich auf mein Wurzelchakra und kann es in einem leuchtend roten Licht sehen. An diesem Ort spüre ich meine Lebensenergie und lasse sie mit einem angenehm warmen roten Licht zu allen Organen in meinem Bauch und von dort zum ganzen Körper fließen." Spüren Sie, wie Ihr Wurzelchakra in der roten Farbe schwingt und konzentrieren Sie sich anschließend auf Ihr Sakralchakra. Sagen Sie in Gedanken: „Ich achte auf mein Sakralchakra und stelle es mir als eine Blume aus leuchtend orangefarbenem Licht vor. Ich spüre die Energie und Lebensfreude und lasse eine immer größer werdende Kugel aus heilendem orangefarbenem Licht in meinem Sakralchakra erscheinen. Es breitet sich langsam in meinem Magen aus und verteilt sich in meinem Körper." Gehen Sie nun mit Ihrer Aufmerksamkeit weiter zu Ihrem Solarplexus. In Gedanken sagen Sie nun: „Ich kann meinen Solarplexus spüren, er ist warm und erfüllt von warmem goldenem Sonnenlicht. Mit dieser warmen gelben Wärme und Ruhe weitet sich mein Solarplexus. Beim Einatmen nehme ich Energie aus dem Universum auf, beim Ausatmen lasse ich einen warmen Lichtstrahl in meinen Bauch eindringen und von dort aus wie von der Sonne durch meinen Körper strahlen." Mit Ihrer Aufmerksamkeit gehen Sie ein Stückchen höher zu Ihrem Herzchakra und sprechen in Gedanken folgende Worte: „Ich richte meine Aufmerksamkeit auf mein Herzchakra und sehe dort ein grünes und helles Licht. Durch das grüne Licht kann ich spüren, wie sich Gefühle der Liebe in meinem Herzen ausbreiten. In meiner Brust bildet sich eine grüne Kugel aus Heilenergie, deren Licht sich nach und nach in meinem Körper ausbreitet." Verweilen Sie einen kurzen Moment in der heilenden Herzensenergie und kommen nun zu Ihrem Halschakra. Sagen Sie folgende Worte: „Ich konzentriere mich jetzt auf mein Halschakra und visualisiere es mit einem blauen Licht. Blau vermittelt den Eindruck von Transparenz und Freiheit im Hals- und Nackenbereich. Beim Einatmen nehme ich Prana, die Lebensenergie, auf und durch die Ausatmung lasse ich es in einen heilenden hellblauen Strahl fließen, der den Halsbereich und dann den gesamten Körper erreicht." Spüren Sie, wie Ihr Halschakra in der blauen Farbe schwingt und konzentrieren Sie sich anschließend auf Ihr drittes Auge. Sagen Sie in Gedanken: „Ich konzentriere mich nun auf den Punkt zwischen meinen Augenbrauen. Ich sehe diesen Bereich in einem tiefen Blauton, wie ein Nachthimmel, und spüre den Frieden, die Stille und die Kraft. Ein Gefühl von Kühle und Wachsamkeit breitet sich auf meiner Stirn aus. Beim Einatmen nehme ich die heilende Lebensenergie auf und lasse sie beim Ausatmen in meine Stirn und Augen fließen." Gehen Sie nun mit Ihrer Aufmerksamkeit zu Ihrem letzten Chakra, dem Kronenchakra, und sagen Sie folgende Worte: „Ich sehe jetzt mein Kronenchakra als eine große violettfarbene Flamme. Dieses kristallklare violette und heilende Licht durchdringt meinen gesamten Körper und breitet sich mit einem Gefühl der Tiefe, des Friedens und der Gelassenheit in mir aus." Sehen Sie nun noch einmal Ihren gesamten Körper in all den Farben leuchten und spüren Sie die Schwingung, die von Ihren Chakren ausgehen. Atmen Sie diese Energie einige Male tief ein und aus, bevor Sie voller innerem Gleichgewicht Ihre Augen wieder öffnen.

Hören Sie wieder mehr auf Ihr Bauchgefühl und entscheiden Sie danach

Diese Angewohnheit dient dazu, intuitivere Entscheidungen zu treffen, da die Intuition immer richtig liegt. Möchten Sie Ihre Intuition stärken, so eignet sich hervorragend die Chakrenmeditation mit besonderem Fokus auf Ihr drittes Augen. Dadurch aktivieren Sie es wieder. Im Alltag können Sie wieder vermehrt trainieren, auf Ihr Bauchgefühl zu hören, fragen Sie sich beispielsweise, wie Sie Ihr Wochenende verbringen möchten? Was möchten Sie heute Abend zum Abendessen? Atmen Sie zu Ihrem Bauch und hören Sie hin, was dieser Ihnen sagt. Versuchen Sie, bei diesen und zukünftigen Entscheidungen auf Ihre Intuition zu hören.

Bauen Sie Sport und Bewegung in Ihren Alltag

Sport reduziert Stress und macht glücklich, aufgrund der Freisetzung an Endorphinen. Sport bietet eine gute Gelegenheit, wieder zu sich selbst zu finden. Auch Spazieren ist eine tolle Möglichkeit. Gehen Sie dabei ganz bewusst Schritt für Schritt, achten Sie auf Ihre Umgebung, auf die Geräusche und Gerüche der Natur. Dasselbe können Sie auch beim Joggen tun. Lassen Sie die Kopfhörer weg, sondern lauschen Sie der Natur.

Nutzen Sie jede Gelegenheit, sich zu bewegen, ob auf dem Weg zum Bäcker, zur Arbeit oder zum Arzttermin. Wenn möglich, fahren Sie mit dem Fahrrad oder gehen Sie zu Fuß. Sie werden schnell feststellen, wie gut Bewegung dem Körper und auch dem Geist tut.

Kommunizieren Sie besser

Vor allem für Ihre eigenen Bedürfnisse ist es vorteilhafter, richtig zu kommunizieren, aber sich Dinge auch einzugestehen. Gehen Sie in Gesprächen mit anderen mehr von sich selbst aus, anstatt Ihr Gegenüber ungewollt anzugreifen. Sie können beispielsweise lieber den Satz „Ich fühle mich ausgeschlossen, weil ..." sagen, anstatt „Du interessierst dich weder für mich noch für meine Meinung". Der Unterschied besteht darin, dass Sie Ihre

Gefühle zum Ausdruck bringen, anstatt die Verteidigung der anderen Person mit einer Anschuldigung infrage zu stellen.

Sagen Sie auch Nein, wenn Sie Nein sagen wollen. Denn dies ist automatisch ein Ja zu sich selbst. Verlassen Sie sich auch hier auf Ihr Bauchgefühl und hören Sie darauf. Diese Strategie der selbst bestimmenden Kommunikation macht Ihnen nicht nur Ihre Emotionen bewusst, sondern verhilft Ihnen zu konstruktiveren Gesprächen.

Die Umsetzung dieser neuen Gewohnheiten

Aufgrund der vielen Reizüberflutung und den unzähligen Tipps und Tricks, die heutzutage auf uns einprasseln, ist es schwierig, sich alles zu merken und auch umzusetzen. Das Gleiche gilt auch für die oben genannten Strategien.

Doch was ist der Grund dafür? Um ein neues Verhalten zu etablieren, reicht ein einziger Wille nicht aus. Wenn wir etwas kontinuierlich machen wollen, müssen wir es zur Gewohnheit machen. Das bedeutet, es jeden Tag zu tun und nicht nur sporadisch. Wichtig ist auch, dass Sie sich alles bereitlegen und sichtbar machen. Es ist viel einfacher, zum Tagebuch zu greifen, wenn es für Sie sichtbar mit einem Stift auf dem Wohnzimmertisch liegt als tief in einer Schublade. Es ist tatsächlich reine Übungssache. Sie können es sich auch vereinfachen, wenn Sie sich eine Checkliste schreiben, mit allen neuen Strategien, die Sie anschließend abhaken können, so vergessen Sie nichts.

Folgende drei Schritte helfen Ihnen, neue Gewohnheiten zu entwickeln:

- Welche Gewohnheiten sprechen Sie an und möchten Sie etablieren?
- Planen Sie Ihre Gewohnheiten, denen Sie folgen möchten, und setzen Sie sich dafür eine bestimmte Zeit.
- Legen Sie alles, was Sie dafür benötigen, bereit beziehungsweise besorgen Sie es sich.

Und dann legen Sie los.

Kapitel 3: Empathie und soziale Kompetenz

Tatsächlich bedeutet das griechische Wort empátheia „Leidenschaft". Heute verdankt der Begriff „Empathie" seine Bedeutung dem deutschen Psychologen und Philosophen Theodor Lipps (1851–1914) und dem britischen Experimentalpsychologen Edward Bradford Titchener (1867–1927).

Lipps studierte im frühen 20. Jahrhundert den psychologischen Prozess der Einfühlung. Er versteht es als „inneres Engagement, eine imaginäre Nachahmung der Erfahrung eines anderen". Titchener übersetzte „Einfühlung" später in „Empathie". Die Fähigkeit zur Empathie ist so etwas wie das Einfühlungsvermögen.

Möchten Sie zunächst einmal Ihre eigene Empathie testen, eignet sich der nachfolgende Test. Kreuzen Sie die jeweilige Antwort an und zählen am Schluss Ihre Punkte zusammen. Beantworten Sie die Fragen ehrlich, denn nur so erhalten Sie ein zuverlässiges Ergebnis.

Empathie-Test

Frage 1: Menschen, denen es schlechter geht als mir, begegne ich warmherzig.

☐ Nie (1 Punkt)

☐ Selten (2 Punkte)

☐ Manchmal (3 Punkte)

☐ Oft (4 Punkte)

☐ Immer (5 Punkte)

Frage 2: Wenn ich ein Buch lese oder einen Film schaue, kann ich die Gefühle einer Person nachempfinden.

☐ Nie (1 Punkt)

☐ Selten (2 Punkte)

☐ Manchmal (3 Punkte)

☐ Oft (4 Punkte)

☐ Immer (5 Punkte)

Frage 3: In Notsituationen fühle ich mich nervös und unwohl.

☐ Nie (1 Punkt)

☐ Selten (2 Punkte)

☐ Manchmal (3 Punkte)

☐ Oft (4 Punkte)

☐ Immer (5 Punkte)

Frage 4: Während einer Auseinandersetzung ist es mir wichtig, beide Seiten zu verstehen und dann erst eine Entscheidung zu fällen.

☐ Nie (1 Punkt)

☐ Selten (2 Punkte)

☐ Manchmal (3 Punkte)

☐ Oft (4 Punkte)

☐ Immer (5 Punkte)

Frage 5: Ich möchte andere beschützen, wenn ich merke, dass diese ausgenutzt werden.

☐ Nie (1 Punkt)

☐ Selten (2 Punkte)

☐ Manchmal (3 Punkte)

☐ Oft (4 Punkte)

☐ Immer (5 Punkte)

Frage 6: In einer Situation mit vielen Emotionen fühle ich mich hilflos.

☐ Nie (1 Punkt)

☐ Selten (2 Punkte)

☐ Manchmal (3 Punkte)

☐ Oft (4 Punkte)

☐ Immer (5 Punkte)

Frage 7: Ich fühle mich nach dem Anschauen eines Films wie eine der darin vorkommenden Personen.

☐ Nie (1 Punkt)

☐ Selten (2 Punkte)

☐ Manchmal (3 Punkte)

☐ Oft (4 Punkte)

☐ Immer (5 Punkte)

Frage 8: Ich habe Angst vor emotional angespannten Situationen.

☐ Nie (1 Punkt)
☐ Selten (2 Punkte)
☐ Manchmal (3 Punkte)
☐ Oft (4 Punkte)
☐ Immer (5 Punkte)

Frage 9: Ich bin nah am Wasser gebaut und allein durch Beobachtung berühren mich Dinge.

☐ Nie (1 Punkt)
☐ Selten (2 Punkte)
☐ Manchmal (3 Punkte)
☐ Oft (4 Punkte)
☐ Immer (5 Punkte)

Frage 10: Ich bin der Meinung, jedes Problem hat eine Vor- und Rückseite, daher versuche ich, beide zu beachten.

☐ Nie (1 Punkt)
☐ Selten (2 Punkte)
☐ Manchmal (3 Punkte)
☐ Oft (4 Punkte)
☐ Immer (5 Punkte)

Frage 11: Ich sehe mich selbst als eine sehr weiche Person.

☐ Nie (1 Punkt)
☐ Selten (2 Punkte)
☐ Manchmal (3 Punkte)
☐ Oft (4 Punkte)
☐ Immer (5 Punkte)

Frage 12: In Filmen fällt es mir leicht, in die Rolle der Hauptperson zu schlüpfen.

☐ Nie (1 Punkt)

☐ Selten (2 Punkte)
☐ Manchmal (3 Punkte)
☐ Oft (4 Punkte)
☐ Immer (5 Punkte)

Frage 13: In schwierigen Situationen verliere ich schnell die Kontrolle über mich.
☐ Nie (1 Punkt)
☐ Selten (2 Punkte)
☐ Manchmal (3 Punkte)
☐ Oft (4 Punkte)
☐ Immer (5 Punkte)

Frage 14: Ich versuche, mich in eine Person hineinzuversetzen, wenn mir dessen Verhalten merkwürdig erscheint.
☐ Nie (1 Punkt)
☐ Selten (2 Punkte)
☐ Manchmal (3 Punkte)
☐ Oft (4 Punkte)
☐ Immer (5 Punkte)

Frage 15: In Büchern oder Geschichten versuche ich, mir meine Gefühle vorzustellen, sollten mir die Ereignisse passieren.
☐ Nie (1 Punkt)
☐ Selten (2 Punkte)
☐ Manchmal (3 Punkte)
☐ Oft (4 Punkte)
☐ Immer (5 Punkte)

Frage 16: Ich kritisiere nicht, bevor ich nicht in die Schuhe des anderen geschlüpft bin.
☐ Nie (1 Punkt)
☐ Selten (2 Punkte)
☐ Manchmal (3 Punkte)
☐ Oft (4 Punkte)

☐ Immer (5 Punkte)

Auswertung des Tests

Fantasie: Addieren Sie die Punkte aus Frage 2, 7, 12 und 15 zusammen.
0 bis 10 Punkte: Ihre Fantasie ist niedrig ausgeprägt.
11 bis 17 Punkte: Ihre Fantasie ist durchschnittlich ausgeprägt.
ab 18 Punkte: Ihre Fantasie ist hoch ausgeprägt.

Mitgefühl: Addieren Sie die Punkte aus Frage 1, 5, 9 und 11 zusammen.
0 bis 10 Punkte: Ihr Mitgefühl ist niedrig ausgeprägt.
11 bis 17 Punkte: Ihr Mitgefühl ist durchschnittlich ausgeprägt.
ab 18 Punkte: Ihr Mitgefühl ist hoch ausgeprägt.

Wechsel der Perspektiven: Addieren Sie die Punkte aus Frage 4, 10, 14 und 16 zusammen.
0 bis 10 Punkte: Ihr Perspektivwechsel ist niedrig ausgeprägt.
11 bis 17 Punkte: Ihr Perspektivwechsel ist durchschnittlich ausgeprägt.
ab 18 Punkte: Ihr Perspektivwechsel ist hoch ausgeprägt.

Schnelle Verzweiflung: Addieren Sie die Punkte aus Frage 3, 6, 8 und 13 zusammen.
0 bis 10 Punkte: Ihr Hang zu schneller Verzweiflung ist niedrig ausgeprägt.
11 bis 17 Punkte: Ihr Hang zu schneller Verzweiflung ist durchschnittlich ausgeprägt.
ab 18 Punkte: Ihr Hang zu schneller Verzweiflung ist hoch ausgeprägt.

Was sind die Merkmale von Menschen mit viel Empathie?

Menschen mit Empathie können sehr gut zuhören. Sie urteilen nicht, zumindest nicht sofort, und haben auch ein feines Gespür dafür, was andere fühlen. Anderen können Sie sehr leicht mit Vertrauen, Hilfsbereitschaft und Kooperation begegnen.

Sie beginnen eher selten einen Streit oder eine Auseinandersetzung. In der Psychologie für Persönlichkeit werden diese Eigenschaften unter dem Begriff „Toleranz" zusammengefasst. Menschen, die Empathie zeigen, erzielen in diesem Aspekt der Persönlichkeit häufig hohe Werte.

Was sind die Merkmale von Menschen mit wenig Empathie?

Mangelndes Einfühlungsvermögen führt dazu, dass Ihnen die Gefühle anderer gleichgültig sind. Infolgedessen neigen Menschen, denen es an

Empathie mangelt, dazu, egoistisch zu sein und ihr eigenes Glück an die erste Stelle zu setzen. Bei Gesprächen hören sie oft nur oberflächlich zu.

Insbesondere sehr selbstverliebte Personen können sich nicht gut in andere hineinversetzen. Daher gilt mangelndes Einfühlungsvermögen auch als wichtiges Persönlichkeitsmerkmal von Narzissten. Sie sind in der Regel sehr geschickt darin, das Gespräch, das mit anderen über dessen Sorgen und Bedürfnisse geführt wird, wieder auf sich selbst zu lenken.

Exkurs: Narzissmus

Narzissmus ist ein im Alltag häufig verwendeter Begriff. Eine Person mit einem egoistischen oder eingebildeten Verhalten wird oft als Narzisst bezeichnet. Die Bedeutung von Narzissmus ist jedoch nicht nur eine Manifestation egoistischen Verhaltens, sondern eine Persönlichkeitsstörung.

Zu den Persönlichkeitsstörungen zählen starke Persönlichkeitsmerkmale, die durch unflexible und starre Persönlichkeitsmerkmale gekennzeichnet sind, wie etwa überdurchschnittliche Skepsis oder emotional labiles Verhalten. Eine narzisstische Persönlichkeitsstörung gehört zu den Arten der Persönlichkeitsstörung. Oft wird ein „Narzisst" als egoistisch und arrogant beschrieben. Allerdings handelt es sich bei der narzisstischen Persönlichkeitsstörung um eine extreme Persönlichkeitsstörung.

Soziale Kompetenz

Der Oberbegriff für die älteren Konzepte wie Zuversicht, Selbstvertrauen, Selbstsicherheit, Beharrlichkeit und Kontaktfreudigkeit ist die „**soziale Kompetenz**". Eine sozial kompetente Person ist jemand, der in der Lage ist, die soziale Anpassung mit den eigenen Bedürfnissen ins Gleichgewicht zu bringen.

Die Selbstkompetenz setzt in dem Fall die soziale Kompetenz voraus. Dazu gehört:

- die Identifikation mit den eigenen Wertvorstellungen und Leitgedanken
- das Erkennen der eigenen Fähigkeiten und das bewusste Einsetzen dieser
- das Erkennen der eigenen Schwachstellen und die Akzeptanz
- die Einteilung der eigenen Energie

Nur die volle Kenntnis über die eigenen Fähigkeiten und Differenzen ermöglicht die Entwicklung und Anwendung kompetenter Verhaltensmuster in sozialen Situationen.

Beispiele für Fähigkeiten mit sozialer Kompetenz:

- Die Stärke und den Mut haben, „Nein" zu sagen
- Die eigenen Wünsche und Forderungen auszusprechen
- Das Herstellen von Kontakten und der Gesprächsbeginn sowie die Gesprächsbeendung
- Eine offene Kommunikation der positiven oder negativen Gefühle

Bedeutung von Empathie und Mitgefühl in zwischenmenschlichen Beziehungen

Empathie und Mitgefühl fördern das soziale Miteinander und sind zudem bedeutsame soziale Fähigkeiten, die uns gesund halten. Sobald wir mit einer anderen Person mitfühlen, reduzieren diese beiden Kompetenzen sowohl den Stress bei dieser Person als auch bei uns selbst. Empathie und Mitgefühl sind bei uns selbst trainierbar.

Obwohl Empathie und Mitgefühl beides eine soziale Emotion darstellen, müssen diese jedoch voneinander unterschieden werden, da sie auf unterschiedlichen Gehirnnetzwerken basieren. Empathie ist emotionale Resonanz, also die Fähigkeit, mit den Emotionen anderer in Resonanz zu treten.

Wenn wir beispielsweise in den Nachrichten Bilder von Naturkatastrophen sehen und uns in das Leid anderer hineinversetzen, sprechen wir von einer empathischen Reaktion.
Im Gehirn sind dabei dieselben Netzwerke aktiv, wenn wir selbst leiden. Das bedeutet, es kann bei uns selbst auch negative Gefühle hervorrufen, wenn wir uns in den Schmerz einer anderen Person hineinversetzen. Natürlich kann sich Empathie auch auf andere Emotionen beziehen. Sie können auch die Freuden anderer miterleben.

Die Vorteile von Empathie

- Empathischen Menschen fällt es leicht, echte Bindungen einzugehen und tiefe Gefühle zuzulassen. Eine erfüllte Partnerschaft und Intimität setzt dies voraus.

- Empathie ist das Schmiermittel für soziale Bindungen und Beziehungen. Konflikte können vorhergesehen und dadurch verhindert werden.
- Empathie fördert gleichzeitig die Hilfsbereitschaft und trägt zum sozialen Verhalten bei.
- Einfühlungsvermögen ist ein bedeutungsvoller Eckpfeiler, wenn es um die Entwicklung des moralischen Wegweisers geht.
- Einfühlsame Erziehung hilft Kindern, gesünder aufzuwachsen.

Unter den vielen genannten Vorteilen gibt es dennoch, und man mag es kaum glauben, auch Nachteile, die zumindest zu viel Empathie mit sich bringen.

Die Nachteile von Empathie

- Wir neigen dazu, uns in erster Linie mit den uns nahestehenden Menschen zu identifizieren, vielleicht weil sie uns ähnlicher sind und wir uns daher stärker mit ihnen verbunden fühlen.
- Empathie kann uns dazu bringen, für die Person einzutreten, mit der wir sympathisieren, und das Leid anderer zu ignorieren, wenn sie unsere Hilfe möglicherweise dringender benötigen.
- Es fördert Urteile und Handlungen, die eher auf Emotionen als auf rationalem Denken basieren.
- Empathische Menschen können leichter manipuliert werden. Um Ziele zu erreichen, können beispielsweise andere Personen an Ihre Empathie appellieren.
- Einfühlsame Menschen können zu sehr leiden. Dieses Phänomen ist in der Literatur als empathischer Stress bekannt. Bei medizinischem Fachpersonal kann dies beispielsweise zu Burnout und Depressionen führen. Ein gewisses Maß an Entkopplung kann daher von Vorteil sein.

Fühlen wir stattdessen mit anderen mit, geht es lediglich um das Leiden derer. Mitgefühl ist mit Gefühlen der Fürsorge, Zärtlichkeit und Wärme verbunden. Wir neigen dazu, positive Emotionen zu empfinden, und haben eine starke Motivation, anderen zu helfen. Wir möchten, dass es anderen besser geht.

Mitgefühl ist alltäglich und praktisch. Mitgefühl führt zu wohltuenden Handlungen. Dies kann beispielsweise bedeuten, dass Sie Ihren Sitzplatz im Bus auf Wunsch älterer Menschen überlassen. Mitgefühl kann bedeuten, einem armen Menschen, der auf der Straße wohnt, behilflich zu sein und mit einem freundlichen Lächeln ein Gefühl der Verbundenheit herzustellen. Ein Akt des Mitgefühls muss nicht immer außergewöhnlich sein, sondern kann schon mit einer ernst gemeinten und interessierten Frage, was zum Beispiel geschehen ist, erfolgen.

Zusammenfassend lässt sich sagen, dass schon eine einfache Aktion einen großen Unterschied machen kann. Wir können die Menschen vielleicht nicht von der großen Last des Leidens befreien, aber wir können ihnen nahe sein. Auch wenn unser Dasein nur dazu führt, dass sich jemand in seinem Leid nicht mehr so allein fühlt wie zuvor, ist das eine sehr große Hilfe.

Verbesserung der Fähigkeit, sich in andere hineinzuversetzen und ihre Perspektive zu verstehen

Wir können bewusst Mitgefühl und Empathie entwickeln. Die Praxis der Selbstmitgefühlsmeditation und der Mitgefühlsmeditation oder die buddhistische Tonglen-Praxis des Mitgefühls kann uns helfen, Mitgefühl in unserem täglichen Leben zu entwickeln. Lernen Sie, sich in Ihrem täglichen Leben nicht von Gefühlen wie Mitleid leiten zu lassen, sondern einen Schritt zurückzutreten und dann liebevoll und weise, bewusst und zielstrebig zu handeln.

Die buddhistische Tonglen-Meditation

Tonglen ist eine Meditationsmethode zur Entwicklung von Mitgefühl, die aus dem tibetischen Buddhismus stammt und übersetzt „Geben und Nehmen“ bedeutet.

Im Tonglen wird das Mitgefühl geübt und Schmerz und Leid akzeptiert. Das Geben oder Senden, das Ausstrahlen von Mitgefühl sowie das Annehmen des Leidens hängen mit den Atembewegungen in der Meditation zusammen:

Anleitung für die Tonglen-Meditation

Die Ein- und Ausatmung

Bei der Einatmung wird das Leid genau angeschaut und näher herangebracht. Was auch immer es ist, was momentan schwierig ist, wird akzeptiert, wie zum Beispiel Schmerz, Groll, Krankheit, Armut, Verlangen, Angst vor

Heraus-forderungen, Erschöpfung. Wir können über jede Form von Leiden meditieren, die wir oder andere erleben.

Beim Ausatmen senden wir ein natürliches Verlangen nach Heilung und Entspannung aus. Wir atmen mit unserem Herzen und lassen immer mehr Raum in uns wachsen. Wenn Leiden und Schwierigkeiten auf ein offenes, liebendes Herz treffen, wird die Kraft des Mitgefühls, die wir bereits tief in uns haben, geweckt und gestärkt. Daher ist Tonglen auch eine Möglichkeit, die Quelle der inneren Heilung zu stärken. Die Verbindung zwischen Geist und Körper durch den Atem macht die Tonglen-Meditation zu einer meditativen Praxis, die sehr deutlich im Körper wahrgenommen und gespürt werden kann.

Mithilfe der Tonglen-Meditation können Frieden und Freiheit im Herzen und im Geist entfacht werden.

Mitgefühl für andere, aber auch für sich selbst

Die Tonglen-Praxis kann auf die eigene Erfahrung oder auf die Wahrnehmung des Angstzustands einer anderen Person angewendet werden. Dies gilt auch für das Übel der Welt, wie Armut, die Zerstörung der Umwelt und Krieg.

Ursprünglich wurde Tonglen verwendet, um den Egoismus zu überwinden, der so viel Leid verursacht hatte, indem man Mitgefühl für andere übte und entwickelte. Allerdings sollte beim Tonglen, wie auch bei anderen Mitgefühlspraktiken, normalerweise zuerst bei sich selbst begonnen werden, denn wenn das eigene Leiden nicht verstanden wird, wenn nicht zuerst gelernt wird, sich selbst mit einem Mitgefühl zu begegnen, kann der Schmerz von anderen nicht verstanden und gelindert werden.

Das Mitgefühl üben

Diese beiden Aspekte – Selbstmitgefühl und Mitgefühl für andere – kommen in der Tonglen-Meditation zusammen und verstärken sich gegenseitig: Wenn wir Selbstmitgefühl praktizieren, wird uns klar, dass auch viele andere Menschen dieses Leiden durchmachen. Wenn wir Mitgefühl gegenüber anderen praktizieren, beruht diese Praxis auf der Tatsache, dass wir bereits selbst über dieses Leiden Bescheid wissen. Als Menschen mit sehr ähnlichen Grundbedürfnissen, Sorgen und Ängsten sitzen wir alle im selben Boot. Tonglen wird nie in erster Linie nur für sich selbst praktiziert. Die Meinungen anderer werden immer berücksichtigt. Dadurch entsteht ein tieferes Gefühl des menschlichen Teilens und der Verbundenheit, was interessanterweise den Effekt haben kann, den eigenen Schmerz zu lindern.

Mitgefühl wachrufen und Offenheit entwickeln

Um Tonglen effektiv praktizieren zu können, ist es von großer Bedeutung, dass wir uns mit der Quelle der Liebe und des Mitgefühls in uns verbinden. Es ist in jedem von uns verankert, das bedeutet, es kann aufgespürt und gefunden werden.

Obwohl dieser Ursprung bei jedem Menschen vorhanden ist, ist er oft unterentwickelt. Daher gibt es Tipps und Vorschläge, wie man diese innere Ressource wecken und fördern kann.

Aus diesem Grund wird zu Beginn der Meditation empfohlen, das Herz und den Geist zu öffnen. Der Zweck der Offenheit ist, zu erkennen, dass uns immer eine enorme Menge an Raum zur Verfügung steht. Diese Offenheit kann entstehen, wenn wir uns vorstellen, hinauf in einen blauen Himmel zu blicken oder dass wir auf einem Berg stehen. Stellen Sie sich irgendein Bild vor, das ein Gefühl von Raum hervorruft. Das offene Herz, dieser offene Raum, kann alles empfangen und aufnehmen, was letztendlich auch eine Grundidee des Tonglens ist.

Wie Sie das Herz öffnen und Liebe und Mitgefühl entfesseln können

- Visualisieren Sie einen Menschen, der für Sie für Freundlichkeit und Mitgefühl steht.
- Visualisieren Sie einen Ort, den Sie kennen und mit dem Sie gute Gefühle wie Liebe, Kraft und Glück verbinden.
- Rufen Sie sich Dinge ins Bewusstsein, für die Sie dankbar sind.
- Stellen Sie sich selbst als Kind vor, wie Sie lachen und fröhlich sind.
- Sagen Sie sich das Mantra „Ich öffne mein Herz und lasse Liebe und Mitgefühl durch mich fließen“.
- Bitten Sie eine höhere Macht um ein offenes Herz.
- Schaffen Sie sich Raum im Geiste durch die Vorstellung von Himmel, die weite Natur oder die Weltmeere.

Meditation für Mitgefühl

In einer buddhistischen Meditation existieren vier Qualitäten, die aktiv entwickelt werden können.

Dies sind liebende Güte (Metta), Mitgefühl (Karuna), Freude (Mudita) und Gleichmut (Upekkha). Diese 4 Eigenschaften werden als Brahmaviharas, die sogenannte „himmlische Wohnstätte", zusammengefasst.

Anleitung für eine Meditation:
Setzen Sie sich ganz bequem im Schneidersitz hin oder mit beiden Füßen auf dem Boden auf einen Stuhl. Rollen Sie nun Ihre Schultern zurück und sitzen Sie aufrecht, aber ganz entspannt da. Legen Sie Ihre Hände auf Ihren Knien oder Ihrem Schoß ab, Sie können gerne eine Art Schale oder ein Mudra mit den Händen formen, indem Sie Daumen und Zeigefinger einander berühren lassen. Haben Sie Ihre Position gefunden, schließen Sie sanft Ihre Augen. Atmen Sie zunächst tief durch die Nase in den Bauch ein und spüren Sie, wie sich Ihre Bauchdecke hebt und der Raum in Ihrem Innern ganz weit wird. Durch den Mund lassen Sie den Atem nun wieder ausströmen und spüren, wie sich Ihre Bauchdecke wieder senkt. Atmen Sie noch mal tief durch die Nase ein und durch den Mund wieder aus. Wiederholen Sie diese Atmung noch einige Male, bis eine Ruhe in Ihnen einkehrt, und lassen dann Ihren Atem wieder seinen ganz normalen Rhythmus gehen. Schicken Sie jetzt ein ganz liebevolles Lächeln in Ihre innere Welt und Ihr Herz. Begrüßen Sie sich in diesem Moment und kommen ganz bei sich an. Sagen Sie sich nun in Gedanken folgende Sätze:

- Möge ich von Schmerzen befreit sein.
- Möge ich von Kummer befreit sein.
- Möge ich von Gefahren befreit sein.
- Möge ich immer mit Liebe und Leichtigkeit durch mein Leben gehen.

Atmen Sie, nachdem Sie diese Sätze gesagt haben, einmal ein und wieder aus und weiten dann Ihr Mitgefühl weiter aus. Denken Sie an Menschen aus Ihrem engen Umfeld. Nehmen Sie dabei eine Person nach der anderen und sagen Sie nun folgende Sätze:

- Mögest du von Schmerzen befreit sein.
- Mögest du von Kummer befreit sein.
- Mögest du von Gefahren befreit sein.
- Mögest du immer mit Liebe und Leichtigkeit durch dein Leben gehen.

Jetzt weiten Sie das Mitgefühl noch weiter aus und denken an alle Lebewesen wie Menschen, Tiere und Pflanzen und sagen:

- Mögen alle Wesen von Schmerzen befreit sein.
- Mögen alle Wesen von Kummer befreit sein.
- Mögen alle Wesen von Gefahren befreit sein.
- Mögen alle Wesen immer mit Liebe und Leichtigkeit durchs Leben gehen.

Atmen Sie nun einmal tief ein und aus und stellen Sie sich vor, wie Ihr Mitgefühl wie ein hellrosa Lichtstrahl aus Ihrem Herzen hinausströmt und das gesamte Universum berührt. Bleiben Sie einige Atemzüge in dieser Vorstellung und vertiefen Sie anschließend wieder Ihre Atmung, um ins Hier und Jetzt zurückzukommen.

Aufbau von effektiver Kommunikation und Beziehungsgestaltung

Jeder, der kommuniziert, tut dies oftmals nicht sonderlich effektiv, denn häufig erreicht die Nachricht den Empfänger nicht so, wie der Absender es möchte. Vielleicht kommt Ihnen das bekannt vor, Sie sagen etwas und Ihr Gegenüber versteht es vollkommen anders.

In diesem Szenario schlägt die Verbindung fehl. Denn bei effektiver Kommunikation geht es darum, Gedanken, Informationen oder Wünsche so zu vermitteln, dass der Zuhörer sie so versteht, wie der Sprecher sie mitteilen möchte.

Es ist wichtig, Beziehungen zu den Menschen aufzubauen, mit denen Sie kommunizieren möchten, um eine effektive Kommunikation zu führen. Für die Entwicklung konstruktiver Beziehungen ist es wichtig, Vertrauen aufzubauen.

Die besten Tipps zum Aufbau von Vertrauen

1. Zeigen Sie Gefühle

Gibt es Dinge an Ihnen, die Sie anderen lieber nicht zeigen würden? Solche, die Sie lieber verheimlichen möchten? Auch wenn es auf den ersten Blick nicht offensichtlich ist, machen Sie Ihrem Gesprächspartner ein großes Geschenk, indem Sie Seiten von sich zeigen. Dies verleiht Ihrer Beziehung ein gewisses Maß an Exklusivität.

2. Seien Sie ehrlich

Es ist definitiv ratsam, von Grund auf ehrlich zu sein, ohne das Taktgefühl zu verlieren. Ehrlich in Bezug auf authentisch. Vertrauenswürdigkeit entsteht aus Authentizität. Wenn Sie sich nicht verstellen, ist es Ihrem Gegenüber viel besser möglich, Ihre Persönlichkeit einzuschätzen. Sicherheit und Vertrauen können darauf aufbauen.

Grenzen und die Fähigkeit, „Nein“ zu sagen, sind auch Teil der Authentizität. Ein ehrliches „Nein“ ist besser als ein scheinheiliges „Ja“.

3. Gestehen Sie sich Ihre Fehler ein

Eingestehen, Fehler zu machen, bedeutet, die Bedürfnisse oder Verletzungen des Gegenübers ernst zu nehmen. Indem Sie eine ehrliche Entschuldigung aussprechen, zeigen Sie Ihre tiefe Bestürzung darüber, dass Ihr Verhalten einem anderen zu Schaden gekommen ist. Er oder sie wird sich gesehen fühlen, was Vertrauen schafft.

Nachdem Sie den Gefühlen des anderen Raum gegeben haben, teilen Sie auch Ihre Beweggründe und Ihre Gefühle mit. Es geht nicht darum, Handlungen zu rationalisieren, sondern darum, sich zu offenbaren und so das Verständnis füreinander zu fördern.

Wenn Sie sich für Offenheit und Ehrlichkeit entscheiden, ebnen Sie den Weg für zukünftige offene Kommunikation, was zu einem starken Vertrauen führen und Notlügen oder andere schädliche Beziehungsmuster verhindern kann.

4. Seien Sie hilfsbereit

Das Vertrauen wird gestärkt, wenn Sie Ihr Gegenüber proaktiv unterstützen und Hilfe anbieten. Es besteht eine erhebliche Wahrscheinlichkeit, dass Ihr Gesprächspartner Sie ebenfalls in Zukunft unterstützt.

5. Seien Sie respektvoll

Es ist von großer Bedeutung, miteinander respektvoll umzugehen, wenn man sich verletzlich zeigt. Respektvoll, was bedeutet „rücksichtsvoll", da jede kleine Enttäuschung eine emotionale Wunde hinterlässt. Um kleine Enttäuschungen zu vermeiden, erinnern Sie sich immer wieder an einen respektvollen Umgang, auch wenn es gerade in einem Konflikt schwerfällt.

Die richtige Kommunikation in vier Schritten

1. Hören Sie zu und zeigen Sie Interesse

Genaues Zuhören ist nicht nur deshalb wichtig, weil es Ihnen ermöglicht, alle benötigten Informationen zu sammeln, sondern es zeigt auch Respekt gegenüber der Person, mit der Sie sprechen.

Reagieren Sie auf das Gesagte erst, nachdem der Gesprächspartner zu Ende gesprochen hat.Sobald Ihr Gesprächspartner merkt, dass Sie wirklich zuhören und sich für das, was er zu sagen hat, interessieren, können Sie Fragen stellen.

Eine Zusammenfassung des bisher Gesagten dient dazu, sicherzustellen, dass alle Informationen korrekt eingegangen sind.

2. Achten Sie auf Ihre Körpersprache

Sie sprechen auch mit Ihrem Körper und die Körpersprache ist genauso wichtig wie Ihre Worte.

Darüber hinaus weist die moderne wissenschaftliche Forschung der nonverbalen Kommunikation die wichtigste Rolle in der Kommunikation zu – die meisten Botschaften werden nicht durch Worte, sondern durch Mimik, Gestik und Körperhaltung übermittelt. Daher interpretieren Gesprächspartner das, was Sie sagen, meist nonverbal. Behalten Sie eine bequeme Position bei und versuchen Sie, sich mäßig zu bewegen.

Wer auf einem Stuhl herumzappelt oder wild gestikuliert, verliert schnell die Aufmerksamkeit anderer und versprüht dabei noch Unruhe. Das Gesagte kann dadurch an Bedeutung verlieren.

3. Der Ton macht die Musik

So wichtig wie eine Kommunikation auf der nonverbalen Ebene ist die Kommunikation auf verbaler Ebene, also der Ton, die Geschwindigkeit oder die Lautstärke der Sprache.

Sprechen Sie also bestenfalls mit ruhiger, natürlicher Stimme und einer angemessenen Lautstärke. Somit wird der Gegner Ihre Botschaft vollständig verstehen können. Der von Ihnen verwendete Ton kann sehr unterschiedliche Bedeutungen eines Wortes vermitteln. Je nachdem, wie Sie Ihren Ton ändern, drücken Sie unterschiedliche Emotionen aus, wie beispielsweise Begeisterung, Freude, aber auch Verärgerung.

Denken Sie außerdem daran, dass die Wahl positiver Worte immer eine größere Wirkung haben wird.

4. Spiegeln Sie erst und dann führen Sie die Kommunikation
Ein weiterer Tipp, der in einer effektiven Kommunikation etwas fortschrittlicher ist, ist, das Verhalten Ihres Gesprächspartners nachzuahmen und einen Spiegel vorzuhalten. Dieser Spiegeleffekt signalisiert, dass Sie auf derselben Wellenlänge senden.

Versuchen Sie, die Gestik, den Tonfall und die Körperhaltung des Gesprächspartners anzuwenden. Tun Sie dies jedoch nur für kurze Zeit und kehren Sie dann zu Ihrem natürlichen Verhaltensmuster zurück. Die Wahrscheinlichkeit ist hoch, dass Ihr Gesprächspartner beginnt, Ihnen zu folgen.

Konfliktlösung und Kooperationsfähigkeit entwickeln

Menschen haben Konflikte überall, wo sie miteinander zu tun haben. Das liegt vor allem an der Individualität und der unterschiedlichen Persönlichkeit. Wenn Konflikte destruktiv ausgetragen werden, verursachen sie nicht nur emotionale Belastungen auf persönlicher Ebene, sondern auch Schwierigkeiten im täglichen Leben und bei der Arbeit.

Es erfordert Kenntnisse über die Ursachen von Konflikten und die Verfahren zur Konfliktlösung, die man üben und anwenden kann, um die Fähigkeit zu entwickeln, Konflikte konstruktiv zu lösen. Eine Methode ist beispielsweise das Säulenmodell, was in Situationen von Konflikten verwendet werden kann, um das eigene Handeln aufzugliedern und gegebenenfalls zu verbessern. In diesem Fall bilden die Säulen praktisch eine geordnete Reihe:

1. Säule: Ich bin mir der aktuellen Situation bewusst, lenke meine Aufmerksamkeit darauf und spüre sie mit allen Sinnen. Ich unterscheide meine Wahrnehmung der Realität von meiner persönlichen Interpretation einer Situation.

2. Säule: Mir liegt meine Stabilität, sowohl physisch als auch psychisch, am Herzen. Aus meiner Mitte heraus kann ich wirkungsvoll eingreifen. Von einer Position aus, in der ich mich sicher fühle, kann ich das Beste für die andere Person und für die gesamte Situation tun.

3. Säule: Von dieser sicheren Position aus komme ich in Kontakt mit anderen Menschen und kann Dialogkommunikation aufbauen, das heißt, einerseits den anderen zu verstehen und andererseits verstanden zu werden.

4. Säule: Wenn ich die Situation verstehe und einschätzen kann, werde ich (schnell) verstehen, wie ich sie ändern möchte. Bin ich mir meines Ziels bewusst oder setze ich mir eines?

Tipp: Wenn Sie mehrere Ziele haben, sollten Sie diese priorisieren, damit Sie sich nicht verzetteln und am Ende nichts erreichen.

5. Säule: Wenn ich weiß, was mein Ziel ist, muss ich „nur“ über Mittel und Wege nachdenken, um es zu erreichen. Ich brauche Ideen und Wissen über Handlungsmöglichkeiten und wie Interventionen funktionieren könnten.

Sind Sie beispielsweise in einem Clinch mit einer anderen Person, ist es immer am besten, das Gespräch zu suchen, um den Konflikt aus der Welt zu schaffen. Sind beide mit einer Klärung einverstanden, sollten folgende Punkte beachtet werden, um einen Konflikt bestmöglich zu lösen:

1. Aufrichtiges Interesse an der Lösung des Konflikts
Dies ist oft der Hauptgrund für Meinungsverschiedenheiten. Es hilft rein gar nichts, wenn eine der Personen zwar über das Problem spricht, aber grundsätzlich nicht an einer Lösung interessiert ist.

2. Bringen Sie Ihre Standpunkte dar.
Beide sollten Sie Ihren Standpunkt besprechen, ohne gegenseitig unterbrochen zu werden. Das ist sehr wichtig, denn wenn die Menschen beidseitig ihre Gespräche beenden lassen, verringert sich die Distanz zwischen ihnen.

Dann ist es wichtig, dass Sie diesen Standpunkt versuchen zu akzeptieren und verstehen. Oft hilft ein Perspektivwechsel, um zu erkennen, dass auch andere Menschen mit ihrer Meinung recht haben.

3. Loten Sie Gemeinsamkeiten aus
Nachdem Sie beide Ihre Standpunkte dargelegt haben, ist es wichtig, die Gemeinsamkeiten hervorzuheben, auch wenn der gemeinsame Nenner nur sehr klein ist.

4. Bleiben Sie fair

Wenn einer von Ihnen beiden beginnt, draufloszuschimpfen oder sogar unter der Gürtellinie angreift, könnte das Gespräch augenblicklich enden, denn niemand möchte, verständlicherweise, so mit sich reden lassen. Wenn Sie also streiten, achten Sie darauf, Ihr Gesicht nicht zu verlieren und keine persönlichen Beleidigungen auszuteilen.

5. Gehen Sie Kompromisse ein

Ohne das Eingehen von Kompromissen auf beiden Seiten ist es schwierig, den Konflikt zu lösen. Dies muss beiden Seiten bewusst sein.

6. Schlagen Sie Lösungen vor

Erarbeiten Sie gemeinsam mit der anderen Person Lösungen und legen Sie gleich den nächsten Schritt zur Lösung des Konflikts fest.

7. Holen Sie eine dritte Person dazu

Um sicherzustellen, dass die aufgeführten Punkte berücksichtigt werden, ist es oft hilfreich und ratsam, eine unparteiische dritte Person in die Diskussion einzubeziehen. Diese kann auch im Falle einer hitzigen Diskussion wieder Ruhe reinbringen.

Beachten Sie die fünf Säulen aus dem Säulenmodell und die sieben beziehungsweise mindestens sechs Punkte, um ein Problem zu lösen, haben Sie gute Chancen, Ihren Konflikt auf eine gute Weise und für beide Seiten aus der Welt zu schaffen.

Kooperationsfähigkeit

Die Fähigkeit zur Zusammenarbeit impliziert ein starkes Interesse an einem gemeinsamen Ergebnis oder Erfolg. Jeder bringt sich entsprechend seiner Fähigkeiten und Kenntnisse ein. Der Fokus liegt auf Zusammenarbeit und kooperativem Lernen. Es ist wichtig, offen für andere zu sein und sich zusammenreißen zu können.

Menschen mit einer Fähigkeit zur Kooperation ...

- schätzen die Kompetenzen und Ressourcen ihres Gegenübers richtig ein und können diese zur Erreichung eines gemeinsamen Ziels sinnvoll einsetzen,

- können andere Menschen motivieren, effektiv zusammenzuarbeiten und Ideen effektiv auszutauschen,
- sehen die Stärken anderer,
- verfügen über die Fähigkeit, neue Mittel intelligent einzusetzen, um gemeinsame Aktivitäten unabhängig von Zeit- und Raumfaktoren zu organisieren und zu koordinieren.

Gerade in der beruflichen Welt ist die Fähigkeit zur Kooperation sehr wichtig, denn Teams sind nur so gut, wie ihre Mitglieder bereit und in der Lage sind, zusammenzuarbeiten. Der Trend zu größeren Gruppen internationaler und virtueller Zusammenarbeit macht die Fähigkeit zur Zusammenarbeit noch wichtiger.

Die Bereitschaft, Wissen zu teilen, wird immer mehr zum Schlüsselfaktor für den Erfolg von Unternehmen und gegenseitige Unterstützung ist unerlässlich. Gut gebildete Teams aus kollaborativen Teammitgliedern arbeiten effektiv und übertreffen Teams, die kurz und zufällig zusammengestellt werden. Kollaborative Mitarbeiter mit der Fähigkeit zur Kooperation sind für den Erfolg eines Unternehmens sehr wichtig.

So fördern Sie Ihre Kooperationsfähigkeit:

- Heben Sie den gegenseitigen Nutzen der Zusammenarbeit hervor.
- Denken Sie sich intensiv in die Wünsche und Vorstellungen Ihres Gegenübers hinein.
- Machen Sie sich Gedanken darüber, wer von Ihnen beiden von welchen Unterstützungen profitieren könnte.
- Sprechen Sie über gemeinsame Ziele.

Mit ein wenig Praxis und Verinnerlichung dieser Punkte können Sie die Fähigkeit entwickeln und ausbauen, mit anderen zusammenzuarbeiten und gemeinsam eine Lösung für ein Problem zu finden und ein gemeinsames Ziel zu erreichen.

Praxisbeispiele und Übungen zur Steigerung der Empathie und sozialen Kompetenz

Beispiel für Empathie unter Schülern

In Ihrer Vorstellung sind Sie Student und Ihr Mitstudent ist durch eine Prüfung gefallen, obwohl dieser viel dafür gelernt hatte. Ihr Mitstudent ist sehr traurig und obwohl Sie selbst gut bei dieser Prüfung abgeschnitten haben, können Sie nachvollziehen, wie es ist, durchzufallen. Sie versuchen, nun nicht irgendetwas zu kitten, sondern sagen, wie leid es Ihnen tut und Sie verstehen können, wie frustrierend das ist.

Beispiel für Empathie unter Kollegen

Sie bemerken, dass Ihr Kollege vor Arbeit fast ertrinkt. Da Sie einer anderen Art von Arbeit nachgehen und keine Möglichkeit haben, Ihre Hilfe anzubieten, wissen Sie selbst ganz genau, wie es ist, am Ende des Tages nicht mit den Aufgaben fertig geworden zu sein. Sie zeigen Empathie dadurch, dass Sie aufbauende Worte für Ihren Kollegen haben und einen Kaffee oder Tee zu seinem Schreibtisch bringen.

Beispiel für Empathie unter Freunden

Das ist ein Paradebeispiel für Empathie im sozialen Leben. Ihr Freund kommt traurig zu Ihnen und erzählt von der Trennung. Eventuell konnten Sie den Partner ohnehin nicht leiden, doch Sie urteilen nicht, sondern hören zu und konzentrieren sich auf die Gefühle Ihres Freundes. Sie trösten und ermuntern ihn mit liebevollen Worten.

Aussagen, die Empathie zeigen

Es gibt verschiedene Aussagen, um die Empathie zu zeigen und auszudrücken. Mit diesen Aussagen zeigen Sie, dass Sie die Gefühle und Emotionen Ihres Gegenübers verstehen. Sanfte Worte erzeugen Wärme und rufen positive Reaktionen hervor.

- Ich verstehe dich.
- Kann ich dir mit etwas behilflich sein?
- Ich helfe dir, das Problem zu beheben.
- Erzähle mir von deinem Problem.
- Ich sehe, du hast alles getan, was du konntest.
- Ich verstehe, wie schwierig es war.

- Ich kann das nachvollziehen.
- Auch wenn die Dinge gerade hart sind, so bin ich da für dich.
- Das würde mir auch schwerfallen.
- Ich freue mich so sehr für dich.
- Dass du dich so fühlst, ist absolut verständlich.
- Ich höre die Sorge in deiner Stimme.
- Ich weiß, dass es schwer ist, damit umzugehen, aber du machst das sehr gut.
- Du wirst es bravourös meistern.
- Die vergangenen Tage waren hart, nicht wahr? Doch jetzt wird alles wieder leichter und ruhiger.

Menschen, die nicht in der Lage sind, sich in andere hineinzuversetzen, haben Schwierigkeiten, emotionale Intimität und dauerhafte Beziehungen aufzubauen. Mangelnde Empathie geht häufig mit asozialem Verhalten einher: Mobbing, Gesetzesverstöße, Gewalt gegen Partner sowie Vorurteile und Rassismus.

Ein möglicher Grund für die fehlende Empathie sind Kindheitserlebnisse: Ist die Beziehung zu den Eltern von emotionaler Kälte und mangelnder Intimität geprägt, besteht die Gefahr, dass das Kind ohne Empathie zu Erwachsenen heranwächst.

Auch wenn dies zunächst etwas hart klingt, müssen Sie sich keine Sorgen machen. Nicht jeder Mensch ist seit Kindesbeinen mit Empathie gesegnet und es gibt glücklicherweise viele Strategien und Übungen, um sowohl die Empathie als auch die soziale Kompetenz zu steigern. Nachfolgend erhalten Sie die besten Tipps zur Förderung beider Fähigkeiten.

Übungen für mehr Empathie

Steigern Sie Ihre Aufmerksamkeit

Beginnen Sie zuerst, auf die Signale Ihres Körpers zu achten. Wenn Sie Hunger haben, gestresst sind oder tief in Ihrer Seele ein Problem haben, ist es nicht möglich, sich auf andere einzulassen. Weiterhin ist es einfacher, sich in jemanden hineinzuversetzen, der seine eigenen Gefühle zu interpretieren weiß.

Wenn Sie mit einer anderen Person sprechen, gilt die Regel
Richten Sie Ihre volle Aufmerksamkeit auf die andere Person und legen Sie Handy oder andere Dinge zur Seite. Nur so können Sie ungehindert nicht nur auf die Worte, sondern auch speziell auf Mimik und Gestik achten. Seien Sie außerdem neugierig, stellen Sie Fragen und zeigen Sie ehrliches Interesse.

Seien Sie frei von Vorurteilen
Vorurteile bedecken unsere Augen. Vorurteile hindern uns daran, sich voll und ganz in die Lage der anderen Person zu versetzen. Wir sind nicht fähig, die Welt mit dessen Augen zu sehen.

Versuchen Sie, sich nicht auf das zu konzentrieren, was Sie beide möglicherweise voneinander trennt, sondern auf das, was Sie mit dieser Person verbindet. Die Grundbedürfnisse des Menschen sind dieselben und das häufigste davon ist vielleicht der Wunsch nach einem glücklichen Leben.

Üben Sie, Ihre Perspektive zu ändern
Versuchen Sie nicht nur, sich in die Lage des Gesprächspartners zu versetzen, sondern erweitern Sie auch Ihren Horizont, indem Sie mit denen diskutieren, die anderer Meinung sind als Sie. Lesen Sie auch Artikel, die nicht bestätigen, was Sie bereits glauben. Gehen Sie raus aus Ihrer Echokammer.

Seien Sie als Eltern mitfühlend
Untersuchungen zeigen, dass die Grundlage für ausgeprägte Empathie bereits in der Kindheit gelegt wird. Vertrauensvolle, wertschätzende und enge Beziehungen zu den Eltern führen zu mehr Empathie bei Kindern. Vor allem, wenn Sie Ihren Kindern vorleben, anderen gegenüber empathisch zu sein. Sie sind ein Vorbild, Ihre Kinder orientieren sich an Ihnen und lernen von Ihnen das eigene Verhalten.

Mentale Empathie-Übung
Eine Möglichkeit, positive soziale Emotionen wie Mitgefühl zu steigern, ist die sogenannte Doppelübung. Hierbei handelt es sich um relativ einfache Partnerübungen, bei denen zwei Personen 12 Minuten lang zusammenarbeiten; sozusagen eine tolle Meditation für zwei. Zunächst denkt eine Person 2,5 Minuten lang laut über eine Frage nach, die sie sich selbst stellt.

Beispiel:
Erzählen Sie von einer Situation, in der Sie heute eine schwierige Emotion erlebt haben. Wie war dieses Gefühl in Ihrem Körper? Und dann noch eine Frage für 2,5 Minuten: Erzählen Sie von einer Zeit, in der Sie sich dankbar gefühlt haben und wie hat sich dieses Gefühl in Ihrem Körper ausgewirkt? Während der Partner lautstark über die Angelegenheit spricht, hört die andere Person aufmerksam und verständnisvoll zu, ohne zu unterbrechen. Fünf Minuten später werden die Rollen gewechselt.

Diese Übung ist besonders effektiv, um Ihre Fähigkeit zu verbessern, einfühlsam zuzuhören, auf Ihre eigenen Emotionen zu achten und diese auszudrücken sowie mit schwierigen Emotionen wie Stress umzugehen. Es wird das Mitgefühl für andere, aber auch für sich selbst gestärkt.

Wann sich positive Erfolge nach dieser Übung einstellen

Auf der subjektiven Ebene merkt man sehr schnell Fortschritte. Schon nach zwei Wochen verändert sich die Sicht auf den Alltag. Sie werden feststellen, dass Sie Ihre Emotionen besser erkennen und regulieren können, was dazu führt, dass Sie weniger Angst vor starken Emotionen haben. Auch die sozialen Kontakte nehmen nach jedem Training deutlich zu. Da jeder sowohl Redner als auch Zuhörer ist, entwickelt das Paar schnell eine soziale Nähe. Das Vertrauen in Ihren Partner steigt und Geschichten werden intimer und persönlicher. Natürlich können nicht alle Fähigkeiten so schnell verbessert werden. Eine bessere Wahrnehmung der Signale Ihres Körpers erfordert wochenlange Übung.

Übungen für mehr soziale Kompetenz

Es gibt immer mal Zeiten, da lassen uns die sozialen Fähigkeiten im Stich. Vielleicht kennen Sie es, wenn peinliches Schweigen die Antwort auf den eigenen Witz ist oder wenn man in sozialen Situationen verzweifelt nach den richtigen Worten sucht? Es ist kein Grund zur Sorge, wenn mit Freunden mal ein Missgeschick passiert, es kann jedoch Ihr Selbstwertgefühl beeinträchtigen und Ihre geistige Gesundheit minimieren, sollte dies oft vorkommen.

Die gute Nachricht ist allerdings, dass Sie Ihre sozialen Fähigkeiten steigern können. Nachfolgend erfahren Sie einige hilfreiche und schnelle Tipps zum Umgang mit sozialen Situationen.

Seien Sie selbstbewusst und setzen sich durch

Sich durchzusetzen, hilft Ihnen, mit Menschen auf eine Weise zu kommunizieren, die den Bedürfnissen aller Beteiligten gerecht wird. Wenn Sie dazu neigen, anderen gegenüber unterwürfig zu sein, fühlen Sie sich möglicherweise unbehaglich, wenn Sie erstmals versuchen, sich durchzusetzen.

Letztlich hilft Durchsetzungsvermögen jedoch dabei, Ängste abzubauen und dafür zu sorgen, dass Sie sich mit sich selbst und Ihren Mitmenschen wohler fühlen. Aussagen mit dem Subjekt „Ich" führen auch zu mehr Selbstbewusstsein.

Kommunizieren Sie nonverbal

Die Kommunikation auf der nonverbalen Ebene, auch Körpersprache genannt, spielt in der Kommunikation eine große Rolle. Menschen mit sozialen Ängsten neigen dazu, unbewusst mit der Körpersprache anderen zu signalisieren, dass sie nicht erreichbar oder unfreundlich sind. Dies zeigt sich oftmals durch verschränkte Arme, einen unfreundlichen Gesichtsausdruck oder das Vermeiden von Augenkontakt.

Obwohl dies eine natürliche Folge von Angst ist, können Sie versuchen, in Ihrem nonverbalen Verhalten offener und freundlicher zu sein, indem Sie beispielsweise ein freundliches Lächeln auf den Lippen tragen und Ihre Arme nicht miteinander verschränken.

Kommunizieren Sie verbal

Möglicherweise wissen Sie nicht, was Sie sagen sollen, oder Sie fühlen sich nicht wohl dabei, über sich selbst und die eigenen Emotionen zu sprechen.

Aber Gespräche sind die Grundlage von Beziehungen, und wenn Sie wissen, wie Sie sie verbessern können, sind Sie auch in der Lage, andere Menschen besser zu verstehen.

Üben Sie aktives Zuhören

Wenn Sie aktiv zuhören, werden Sie aufmerksamer, können Fragen stellen und darüber nachdenken, was jemand sagt. Wenn Sie aktives Zuhören üben, hat Ihr Gesprächspartner das Gefühl, dass er gehört wird. Bevor Sie also jemanden unterbrechen, halten Sie einen kurzen Moment inne und erinnern Sie sich wieder daran, zuzuhören, bis die Person fertig gesprochen hat.

Exkurs: Aktives Zuhören

Aktives Zuhören bedeutet keine Ablenkungen und abschweifende Gedanken, sondern die Beibehaltung Ihres Fokus auf die sprechende Person. Sie konzentrieren sich und hören aufmerksam zu, anstatt beispielsweise bereits in Gedanken das Abendessen zu planen.

Indem Sie aktiv zuhören, teilen Sie Ihrem Gesprächspartner durch Ihre Körpersprache oder durch das Stellen von Fragen mit, dass Ihre Aufmerksamkeit ihm gehört. Dadurch können Sie nicht nur den Inhalt des Gesprächs besser verstehen. Sie können auch vollständig damit interagieren und zwischen den Zeilen lesen. Auf diese Weise können Sie seine Gefühle besser verstehen.

Übungen für aktives Zuhören

1. Wiederholen Sie das Gesagte mit eigenen Worten

Wenn Sie das Gesagte mit eigenen Worten wiedergeben, signalisieren Sie Ihrem Gesprächspartner, dass Sie aufmerksam zugehört haben. Dieser kann Sie gegebenenfalls auch verbessern, sollten Sie etwas missverstanden haben.

2. Verbalisieren Sie Gefühle

Sie vermitteln Verständnis für die Gefühle Ihres Gesprächspartners, wenn Sie diese verbal wiedergeben.

Beispiel: „Ich sehe, dass es dich emotional sehr mitnimmt."

3. Stellen Sie Nachfragen

Sobald Sie etwas nicht verstehen, stellen Sie Fragen. Dies zeigt Ihrem Gegenüber, dass Sie sich wirklich interessieren und über die Worte nachdenken.

4. Halten Sie Blickkontakt und stimmen Sie nonverbal zu

Durch Blickkontakt zeigen Sie, dass Sie ganz bei Ihrem Gesprächspartner sind. Nicken oder lächeln Sie, dies vermittelt Verständnis.

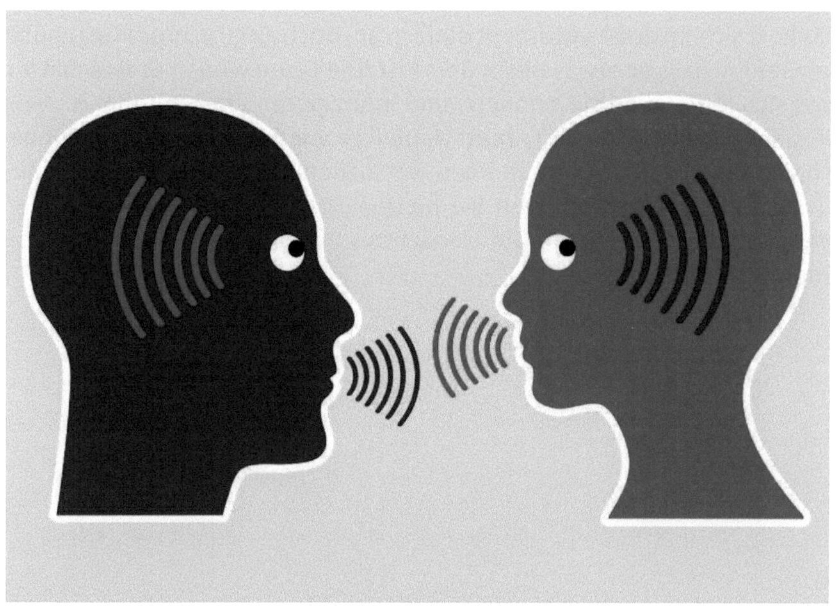

Geben Sie Komplimente und nehmen Sie diese an

Es ist wichtig, diese beiden sozialen Kompetenzen zu erlernen. Komplimente bieten eine gute Möglichkeit, eine Beziehung zu beginnen und zu vertiefen.

Gespräche können mit einem Kompliment begonnen werden und zudem sind sie eine tolle Möglichkeit, einer anderen Person Wertschätzung entgegenzubringen.

Stellen Sie offene Fragen und ermuntern Sie zum Gespräch

Möchten Sie die Aufmerksamkeit während eines Gesprächs von sich lenken, stellen Sie offene Fragen und ermuntern Sie Ihr Gegenüber zu reden. Auch der Smalltalk kann somit umgangen werden. Zeigen Sie ehrliches Interesse an der Person und fragen Sie nach Hobbys, nach der Arbeit oder der Familie.

Wichtig ist, dass Sie keine Fragen stellen, die lediglich mit „Ja" oder „Nein" beantwortet werden können, daher sind offene Fragen die bessere Wahl, wenn Sie ein Gespräch in den Fluss bringen möchten.

Prägen Sie sich die Namen ein

Das hört sich im ersten Moment einfach an, doch es gibt Ihrem Gegenüber das Gefühl, dass er etwas Besonderes ist. Die Leute wissen es zu schätzen, dass sich jemand an sie erinnert, und interagieren eher mit Ihnen, wenn Sie sie nicht bitten müssen, ihren Namen zu wiederholen. Wenn es Ihnen schwerfällt, sich Namen zu merken, versuchen Sie, sie so oft wie möglich zu wiederholen. Kombinieren Sie beispielsweise den Namen mit einem Merkmal, damit er leichter im Gedächtnis bleibt, zum Beispiel „Elias mit einem coolen Ohrring".

Kapitel 4: Emotionale Intelligenz im beruflichen Kontext

Wie Sie bereits wissen, geht es bei der emotionalen Intelligenz darum, sich den eigenen Emotionen bewusst zu sein, diese zu verstehen und entsprechend beeinflussen und nutzen zu können. Diese Fähigkeit beinhaltet auch, dasselbe mit den Emotionen anderer Menschen zu tun. Gerade die emotionale Intelligenz im beruflichen Bereich ist enorm wichtig und sollte auf keinen Fall unterschätzt werden. Schon das Aufeinandertreffen von mehreren Kulturen erfordert eine hohe emotionale Intelligenz. Es benötigt Führungskräfte und Kollegen, die Freude daran haben, kulturelle und sprachliche Unterschiede aufzunehmen, zwischen Kollegen zu vermitteln und den Gruppenzusammenhalt zu stärken. All dies macht ein Unternehmen erst erfolgreich in dem, was es tut.

Natürlich ist die Intelligenz in der Arbeitswelt ein wichtiger Faktor. Wenn Sie beispielsweise mit einem IQ, wie Einstein ihn hatte, gesegnet sind, ist die Forschung mit Ihnen bestens versorgt. Doch über den IQ hinaus setzen heutige Unternehmen immer mehr auf die emotionale Intelligenz, da sie als wertvolle Kompetenz im Arbeitsleben gilt.

Besitzen Sie diese wertvolle Fähigkeit, sind Sie in Ihrem Beruf sehr gefragt. Dies gilt nicht allein für Führungskräfte, sondern auch beispielsweise für Assistenten. Menschen können dadurch richtig eingeschätzt werden. Zudem behalten Sie die Fäden in Ihren Händen.

Wie eben erwähnt, ist emotionale Intelligenz nicht nur für Führungskräfte wichtig, sondern besonders in der Verwaltungsarbeit sehr gefragt. Das bisherige Berufsbild einer Sekretärin, wie beispielsweise das Öffnen von Briefen oder Kaffeekochen, hat sich stark verändert und damit auch die geforderten Fähigkeiten.

Heutzutage sind Assistenzjobs komplex, anspruchsvoll und oft mit Führungsaufgaben verbunden. Technische Kompetenz allein reicht nicht aus, auch die soziale Kompetenz muss stimmen. Assistenten arbeiten oft an wichtigen Schaltstellen innerhalb des Unternehmens und haben daher mit vielen Menschen zu tun – ihren Kollegen ebenso wie mit ihren Kunden und anderen Kontakten innerhalb des Unternehmens. Fehlt es an sozialer Kompetenz, Menschenkenntnis und der Fähigkeit zu kommunizieren, geht in der heutigen Zeit nicht mehr viel.

Sehr wichtig ist auch die Fähigkeit zum Multitasking am Arbeitsplatz. Egal, wer im Unternehmen etwas vom Vorgesetzten möchte, wendet sich zuallererst an den Assistenten. Zur selben Zeit und aus vielen Richtungen wird der Assistent von unterschiedlichen Anliegen befallen. Meistens klingelt dann noch das Telefon und der Chef selbst teilt noch eine dringende Aufgabe mit, die so schnell wie möglich erledigt werden muss.
Kommt also alles gleichzeitig, heißt es:

- Einen kühlen Kopf zu bewahren und emotional nicht aus dem Gleichgewicht zu fallen.
- Sich nicht persönlich angegriffen zu fühlen, sondern vielmehr den Chef oder die Gesprächspartner zu „lesen". Auf diese Weise können Sie besser auf sie eingehen und zudem fühlen sich diese Menschen verstanden.

Bedeutung von emotionaler Intelligenz für Führungskräfte und Teamarbeit

Hat Ihnen bei der Arbeit schon einmal ein Kollege oder der Chef gesagt, dass er Sie, vor allem in Gesprächen, sehr schätzt? Vielleicht wenden sich auch oft die Kollegen an Sie, denn Sie besitzen die Fähigkeit, Probleme schnell zu durchleuchten und entsprechende Lösungsansätze hervorzubringen. Eventuell haben Sie sogar mit unangenehmen Gesprächssituationen kein Problem und wissen, wie Sie damit umgehen müssen. Auch die Launen des Chefs beziehen Sie nicht gleich auf sich. All diese Fähigkeiten sprechen mit großer Sicherheit für eine hohe emotionale Intelligenz.

Diese Fähigkeit spielt in der Arbeit von Führungskräften und Fachkräften eine wichtige Rolle. Emotionale Intelligenz gehört zu einer sehr wichtigen Kompetenz, wenn es um die Führung geht. Führungskräfte müssen ein gewisses Maß an Selbstbeherrschung hervorbringen. Ein Abteilungsleiter, der bei jeder Kleinigkeit und jedem Vorkommnis lauthals und impulsiv an die Decke geht, zeigt sich weder professionell noch souverän. Darüber hinaus müssen Führungskräfte in der Lage sein, sich in ihre Mitarbeiter hineinzuversetzen, diese immer wieder neu zu motivieren und Probleme rechtzeitig zu erkennen, die im Team oder im Arbeitsablauf herrschen. Außerdem blockiert eine Führungskraft mit einer hohen Intelligenz die Kommunikation nicht, sondern lässt sie zu oder sucht sie am besten sogar aktiv.

Ein Chef, der sich gerne im Büro versteckt und auf dem Flur kaum Blickkontakt zu seinen Mitarbeitern herstellen kann, dürfte hingegen kaum über diese Fähigkeit verfügen.

Ein erfolgreiches und gutes Unternehmen baut auf zufriedene Mitarbeiter. Sie sind ein Schlüsselelement für jede Firma. Ist ein Mitarbeiter zufrieden, ist sowohl die Produktivität als auch die Loyalität höher. Ob Mitarbeiter mit ihrer Arbeit zufrieden sind oder nicht, hängt maßgeblich vom Vorgesetzten ab.

Wenn die entsprechende Führungskraft nur über technische Fähigkeiten verfügt, fühlen sich Mitarbeiter oft nicht verstanden, was auf lange Sicht dazu führt, dass Mitarbeiter innerlich mit dem Unternehmen abschließen. Führungskräfte mit hoher emotionaler Intelligenz sind in der Lage, das verborgene Potenzial ihrer Mitarbeiter zu erkennen und wissen, wie sie es gezielt fördern können.

Diese Situation ist nicht nur für die Karriere des Mitarbeiters von Vorteil, sondern auch für die Führungskraft und nicht zuletzt für das Unternehmen selbst. Auch die Fähigkeit, Gruppen richtig zusammenzubringen und langfristig motiviert zu bleiben, liegt in der emotionalen Intelligenz begründet.

Dieser Umstand rechtfertigt die Tatsache, dass Führungskräften mit ausgeprägter emotionaler Intelligenz gerade in Unternehmen mit originären Kommandostrukturen eine große Bedeutung zukommt.

Die Auswirkung fehlender emotionaler Intelligenz bei Führungskräften

Auch wenn ein Vorgesetzter über eine hervorragende Fachkompetenz verfügt, nicht aber dazu fähig ist, seinen Mitarbeitern zuzuhören und sich selbst nicht als Teil des Teams zu sehen, ist er in seiner Position nicht geeignet.

Eine einwandfreie Fachkompetenz allein macht einen Vorgesetzten nicht zu einer guten Führungskraft, denn ohne das nötige Fingerspitzengefühl scheitern diese oft.

Um also ein Team zu vereinen, sind Kommunikation und Verständnis erforderlich, und um dies zu erreichen, benötigt eine Führungskraft emotionale Intelligenz.

Chefs mit wenig oder gar keiner emotionalen Intelligenz fühlen sich oft missverstanden und versuchen, die Schuld für Misserfolge dem Team zuzuschieben. Im schlimmsten Fall entziehen sie sich jeder Verantwortung und geben dem Team die Schuld für die Fehler. Darüber hinaus sind diese Personen oft intolerant gegenüber Rückmeldungen und unfähig, sich selbst kritisch zu reflektieren. Es gelingt ihnen nicht, ihre Mitarbeiter zu motivieren und ein angenehmes Arbeitsumfeld zu schaffen.

Das Management eines Unternehmens erkennt oft zu spät, dass nicht das Team, sondern die Führungskraft für die unerreichten Ziele verantwortlich ist. Die Folge ist, dass die falschen Führungskräfte zu lange im Unternehmen bleiben und viele hervorragende Mitarbeiter, aufgrund schlechter Führung, das Unternehmen verlassen.

Ist eine hohe emotionale Intelligenz vorhanden, zeichnen sich bei Führungskräften und Mitarbeitern folgende Fähigkeiten aus:

- Sie gestalten die tägliche Arbeit proaktiv und bewusst, unabhängig von äußeren Umständen.
- Sie sind in der Lage, die eigenen Emotionen zu erkennen und zu kontrollieren.
- Durch ihr Charisma verstehen sie es, andere für ihre Ziele und Projekte zu begeistern.
- Sie genießen den Respekt ihrer Teammitglieder und das Vertrauen anderer.
- Bedürfnisse können klar kommuniziert und Maßnahmen ergriffen werden, um Auseinandersetzungen und Stress vorzubeugen.
- Sie trauen sich, die eigene Meinung zu sagen und sie zu verteidigen.

Untersuchungen und Umfragen zeigen zunehmend, dass Menschen mit einem hohen Maß an emotionaler Intelligenz effektiv mit den Schwierigkeiten ihrer selbst und anderer umgehen können.

Auch wenn Fähigkeiten zur emotionalen Intelligenz vor allem bei Führungskräften gefragt sind, reicht es nicht mehr aus, ausschließlich Vorgesetzte darin zu schulen. Gerade in der Teamarbeit wird diese Fähigkeit in Zukunft immer stärker gefragt sein. Teams, die hauptsächlich aus Menschen mit hoher emotionaler Intelligenz bestehen, werden mehr Erfolg haben und wettbewerbsfähiger sein. In einer Zeit der Fernarbeit, also vor allem Home-Office und wachsenden sozialen und politischen Herausforderungen, werden emotional intelligente Teams mehr denn je benötigt.

Teamarbeit sollte Hand in Hand mit der emotionalen Intelligenz gehen. Begründet liegt dies in den nachfolgenden Gründen:

Die Emotionen werden zielorientiert gemanagt

Jedes einzelne Mitglied in einem emotional intelligenten Team ist sich klar über die eigenen Emotionen und Gefühle. Sie wissen genau, welche Emotionen und Gefühle zu ihnen gehören und welche Emotionen sie von den anderen empfangen haben. Dadurch sind sie in der Lage, sich selbst zu regulieren und ihre Grenzen entsprechend festzulegen, anstatt ihre

Gefühle und Emotionen auf andere Mitarbeiter zu projizieren und so potenzielle Konflikte zu begünstigen.

Krisen werden bewältigt
Die Mitglieder erkennen potenzielle Konflikte rechtzeitig und sind durch eine hohe emotionale Intelligenz fähig, diese Krisen lösungsorientiert anzugehen.

Bessere Zusammenarbeit
Emotional intelligente Menschen sind gut in der Teamarbeit. Sie nehmen beispielsweise die körperlichen und geistigen Ressourcen ihrer Kollegen wahr. Emotional intelligente Teams wachsen durch Problemlösung zusammen und entwickeln starkes gegenseitiges Vertrauen.

Gegenseitige Unterstützung
In emotional intelligenten Teams können sich einzelne Teammitglieder bei Herausforderungen gegenseitig motivieren und unterstützen. Sie sind sich der Schwächen und beruflichen Probleme des anderen bewusst und unterstützen sich gegenseitig beim beruflichen Aufstieg. Die Rollen sind hier dynamisch, denn einzelne Teilnehmer können, je nach Bedarf, die Rolle des Mentors übernehmen und sind frei dabei, ihre Rollen zu wechseln.

Warum Teams in der emotionalen Intelligenz trainiert werden sollten

In einem Team, in dem nur der Manager über emotionale Intelligenz verfügt, muss der Manager die Emotionen und Dynamiken der Gruppe erkennen und gestalten. Dies ist auf Dauer nicht tragbar, da es den Manager von anderen wichtigen Managementaktivitäten ablenkt. Er ist quasi nur damit beschäftigt, zwischen den einzelnen Mitgliedern zu vermitteln und zu interagieren.

Wenn sich jedoch darauf konzentriert wird, die emotionale Intelligenz jedes Teammitglieds zu trainieren, wird diese Verantwortung dezentralisiert. Auf diese Weise wird jede Person im Team darin geschult, ihre eigenen Emotionen und Motivationen und die anderer zu erkennen und mit ihnen lösungsorientiert zu arbeiten. Dies gibt den Teams mit emotionaler Intelligenz die Möglichkeit, Konflikte zu lösen, Stress zu bewältigen und produktiver zu sein.

EMOTIONAL INTELLIGENTES FEEDBACK GEBEN UND ANNEHMEN

Ein jeder Mensch profitiert von Feedback. Die Absicht eines Feedbacks besteht darin, eine Situation zu verbessern oder anderen zu helfen, besser zu werden.

Allerdings ist es schwierig, Feedback zu geben, da es oft als Kritik aufgefasst wird und für andere sogar beleidigend sein kann. Als Manager, Teamleiter oder Mitarbeiter werden Sie immer wieder in die Situation kommen, anderen Feedback geben zu müssen. In vielen Fällen jedoch gefällt den Mitarbeitern nicht das, was sie zu hören bekommen, und es kommt zu Missverständnissen und sogar zu Protesten. Die Art und Weise, wie das Feedback gegeben wird, hat großen Einfluss darauf, wie empfänglich andere für dieses sind.

Doch wie kann sichergestellt werden, dass Ihr Feedback wirklich hilfreich ist und das Beste aus anderen herausholt?

Mithilfe der emotionalen Intelligenz!

Um effektiv Feedback zu geben, müssen Sie die andere Person kennen: ihre Stärken und Schwächen, ihre Beweggründe und Motivationen sowie ihren Kommunikationsstil. Denken Sie daran, dass das, was für eine Person funktioniert, möglicherweise nicht für alle funktioniert.

Mit einem Ansatz der emotionalen Intelligenz können Sie Ihre Antworten auf jeden Einzelnen zuschneiden. Ihre Wirkung wird viel stärker sein. Wenn Sie Mitarbeiter oder Kollegen außerdem auf der Grundlage ihrer eigenen Interessen, Überzeugungen und Fähigkeiten ansprechen, werden sie sich im Feedback besser wiedererkennen und selbst empfänglicher für Feedback sein.

Beispielvorgehen:

Ihr Kollege Matteo bewegt sich zunehmend in die falsche Richtung. Er verspätet sich ausnahmslos bei Terminen, wirkt abgelenkt und hat in den vergangenen Wochen immer mehr die Fäden aus der Hand verloren. Dennoch ist Matteo ein wertvoller Mitarbeiter mit großem Potenzial. Was Sie also in diesem Fall machen können, ist ein ehrliches Gespräch.

Erwähnen Sie zunächst, dass sich etwas geändert hat und dass zwischen den alten Leistungen und den aktuellen Leistungen ein Unterschied besteht. Fragen Sie also zunächst, was los ist, und hören Sie dann aufmerksam und interessiert zu. Sie müssen das Problem nicht selbst lösen, aber Sie können zuhören und mithelfen, eine Lösung zu finden.

Natürlich braucht eine Lösung seine Zeit und können vorab einige Diskussionen und Gespräche erfordern. Doch mit Ihrer Empathie können Sie viel ausrichten.

Indem Sie aufgeschlossen sind, können Sie Matteo zeigen, dass Sie auf seiner Seite sind, dass Sie versuchen zu helfen und nicht zu verurteilen. Wenn Sie dies tun, können Sie Matteo womöglich wieder motivieren, die Dinge anders zu machen.

Wie können Sie allerdings jemandem Feedback geben, der eine starke Persönlichkeit hat, jemand, der eine klare Meinung hat und weiß, wovon er spricht. Vielleicht hat diese Person sogar einen höheren Rang, ist bereits länger im Unternehmen tätig oder verfügt über mehr Erfahrung als Sie. Diese Situation kann unangenehm sein, insbesondere wenn ein Arbeitskollege Ihrer Meinung widerspricht und schnell in die Defensive verfällt. Wie nutzen Sie diese Situation am besten zu Ihrem Vorteil?

Nachfolgend erhalten Sie einige effektive Tipps, wie Sie emotional intelligentes Feedback geben, welches auch sein Ziel erreicht.

Achten Sie auf Ihre Stimme und Ihre Körpersprache

Die Art und Weise, wie Sie etwas sagen, hat oft mehr Wirkung als der Inhalt selbst. Es kann sogar manchmal dazu führen, dass Sie emotional werden, wenn Sie Feedback geben oder auch empfangen. Gerade, wenn Sie Feedback geben möchten, ist es wichtig, dass Sie mit Ihrer Stimme ruhig bleiben und eine offene Körperhaltung, ohne verschränkte Arme, beibehalten. Selbst, wenn Ihr Gegenüber die Stimme erhebt und emotional reagiert, bleiben Sie ruhig, so können Sie Ihren Gesprächspartner dazu einladen, wieder auf dieselbe Ebene zurückzukehren, auf der Sie sind.

Geben Sie das Feedback Angesicht zu Angesicht

Die Bedeutung der Körpersprache ist ein wesentlicher Grund, warum es am besten ist, Feedback persönlich oder zumindest per Videoanruf zu geben.

Feedback per SMS, WhatsApp oder E-Mail zu hinterlassen, ist wie ein Spiel mit dem Feuer. Es hinterlässt einen großen Raum für Missverständnisse, einfach, weil es keine nonverbalen Nuancen gibt. Der Unterschied zwischen Sätzen, welche ausgesprochen werden und denen, die geschrieben werden, kann enorm sein. Je nachdem, in welcher Verfassung derjenige ist, dem Sie das Feedback geben, kann dieser es völlig anders auffassen, wie es eigentlich von Ihnen gemeint war. Ein Feedback auf diese Weise zu geben, scheint für Sie vielleicht viel einfacher und sicherer zu sein, denn Sie müssen sich nicht sofort mit den möglichen Reaktionen anderer Menschen auseinandersetzen. Da aber einfach die Gefahr einer Fehlinterpretation besteht, beziehungsweise die Rückmeldung sensibel sein kann, ist es besser, von Angesicht zu Angesicht zu sprechen, so können Sie gleich mögliche Missverständnisse aus dem Weg räumen. Außerdem bringt es Ihrem Gegenüber eine große Wertschätzung entgegen.

Sorgen Sie für den richtigen Rahmen

Wählen Sie den am besten geeigneten Zeitpunkt. Ist die andere Person gut gelaunt? Ist sie gerade offen für Feedback? Sind Sie allein in einer ruhigen Umgebung?

Es kann eine gute Idee sein, außerhalb des Arbeitsumfelds ein Meeting abzuhalten oder Feedback zu geben. Stellen Sie sicher, dass Sie die besten Bedingungen für die Abgabe von Feedback schaffen.

Geben Sie Feedback nur zu einer Sache

Es ist nicht selten, dass es manchmal mehrere Dinge gibt, die Sie stören und über die Sie sprechen möchten. Dennoch ist anzuraten, dass Sie Ihr Gegenüber nicht direkt mit mehreren Feedbacks überfallen, vor allem wenn diese negativ empfunden werden könnten. Machen Sie sich also im Vorfeld über ein Thema Gedanken, das Sie am meisten stört, und bringen Sie lediglich im Zusammenhang mit diesem Ihr Feedback zur Sprache. Es ist immer besser, wenn Sie in verschiedenen Gesprächen jeweils einen individuellen Feedbackpunkt haben, so laufen Sie nicht Gefahr, dass der andere davon überwältigt wird und sich bedroht fühlt.

Seien Sie lösungsorientiert

Versuchen Sie, das Gespräch mit einer hilfsbereiten Haltung anzugehen. Schließlich möchten Sie einem Kollegen oder Teammitglied helfen, in dem, was er tut, besser zu werden. Betonen Sie auch die Bedeutung eines funktionierenden Teams und ganz wichtig, geben Sie nicht nur negatives, sondern auch positives Feedback. Genau wie Sie, wissen es auch andere zu schätzen, wenn die Leistung und die gute Arbeit gelobt wird.

Das Gleiche gilt auch, wenn Sie Feedback erhalten.

- Versuchen Sie, ruhig zu bleiben und Ihre möglicherweise aufkommenden Emotionen zu kontrollieren.
- Machen Sie sich immer bewusst, dass Ihr Gegenüber eventuell nicht über eine derart hohe emotionale Intelligenz verfügt wie Sie und deshalb Schwierigkeiten hat, sich adäquat auszudrücken und mit Empathie Ihnen gegenüberzutreten. Gehen Sie daher zunächst einen Schritt zurück, hören Sie sich das Feedback an und reflektieren erst einmal über sich selbst. Hat Ihr Gesprächspartner eventuell recht? Haben Sie ihm Anlass dazu geben, dass er dieses Feedback äußert? Erst wenn Sie die richtigen Antworten auf diese Fragen haben, sind Sie besser in der Lage, darauf zu reagieren und sich zu erklären.
- Bewahren Sie Ihre Haltung, gehen Sie mit gutem Beispiel voran, dann kann dieses Gespräch auch ein gutes Ende nehmen.

Emotionale Intelligenz im Umgang mit Kunden und Geschäftspartnern

Mit Kunden und Geschäftspartnern emotional intelligent zu interagieren, ist nur unwesentlich anders als mit Freunden, Familie und Arbeitskollegen. Wichtig ist hier auch der Fokus auf die Bereiche:

- Wahrnehmung,
- Zuhören sowie
- Empathie.

Die emotionale Intelligenz, beispielsweise beim Verkaufen, ist sehr wichtig, denn Sie kommunizieren mit Ihrem Partner, wobei es immer um die Bedürfnisse geht, die erfüllt werden möchten. Wenn Sie Ihre emotionale Intelligenz trainieren, können Sie sich besser auf Ihren Gesprächspartner einstellen.

Anstelle eines einfachen Pitchs kann es zu einem persönlichen Gespräch werden, was zudem einen Mehrwert für beide Parteien darstellt. Es geht hier auch um die Person, die Ihnen gegenübersitzt. Um dessen Wünsche, um die Motivation, aber auch um die Sorgen, die er hat.

Vorteile: Wenn Sie dies erkennen, können Sie effizienter auf Bedürfnisse reagieren und die richtigen Lösungen finden. Es ist für Sie einfacher zu verkaufen. Auch Ihr Kunde fühlt sich wertgeschätzt, denn schließlich wird er dort gerne einkaufen, wo er ein gutes Gefühl hat.

Tipps, um emotional intelligent bei Kunden und Geschäftspartnern zu agieren

1. Erkennen Sie die Gefühle

Stellen Sie sich vor, Sie haben Angst vor dem nächsten Gespräch mit einem Kunden (Zurückweisung, finanzieller Druck usw.). Erkennen Sie im ersten Schritt diese Angst an und führen Sie dennoch das Gespräch. Sie sitzen am Steuer und entscheiden, nicht Ihre Angst.

So treten Sie emotional intelligent auf:

Achten Sie auf Ihre Emotionen und sehen Sie, was sie bei Ihnen verursachen, und gehen Sie dann mit ihnen um. Sie lenken und lassen sich nicht von ihnen kontrollieren.

Mit den Emotionen Ihres Kunden verhält es sich ähnlich. Nehmen Sie die Emotionen wahr und erkennen Sie diese. Dazu ist es wichtig, dass Sie tatsächlich mit Ihrem Kunden interagieren. Denn wie können Sie herausfinden, was Ihren Gesprächspartner motiviert, wenn er es Ihnen nicht sagt? Sie wissen wahrscheinlich selbst, dass nicht jeder immer aufgeschlossen ist. Hier kommt die Mimik ins Spiel.

Was trainiert wird, sobald das Thema Mimik in den Fokus rückt:

Die Mimik ist das Podium für unsere Emotionen. Die Muskeln unseres Gesichts sind direkt mit dem emotionalen Zentrum im Gehirn verbunden. Wenn Sie sich emotional fühlen, wird es sich auf Ihrem Gesicht zeigen und Sie haben keinerlei Möglichkeiten, dies zu verhindern.

Schauen Sie sich die Bewegungen und Mimik Ihres Gegenübers genau an:

- Was sehen Sie?
- Welche Emotionen können Sie erkennen?
- Was sprechen die Augen, die das Tor zur Seele sind?

Sie können Ihren Kunden viel wertschätzender mit Resonanzfragen begegnen, wenn Sie über eine sensible Wahrnehmung verfügen.

Beispiel:
Sie sehen Traurigkeit im Gesicht Ihres Kunden.

Ihre Frage:
„Ich habe das Gefühl, dass Sie über etwas traurig sind, habe ich recht?"

2. Verstehen Sie die Gefühle
Emotionen und Gefühle zu erkennen und zu verstehen, sind zwei Paar Schuhe. Denn nur, wer diese beiden Dinge beherrscht, kann angemessen und vor allem individuell darauf reagieren.

Weil ein jeder von uns ein emotionales Wesen ist, ist es umso wichtiger, dass Sie Ihren Kunden im Kern verstehen. Es ist daher unabdingbar, sich mit dem Thema „Emotionen" zu beschäftigen. Mithilfe von Resonanzfragen können Sie vorab überprüfen, ob Sie wahrgenommene Emotionen richtig einordnen. Verstehen Sie, dass jede Empfindung einen Auslöser und eine Funktion hat. Nichts geschieht durch Zufall. Wenn Ihr Kunde also traurig ist, steckt etwas dahinter. Sie können demnach fragen, was dieses Gefühl verursacht hat. Hier benötigen Sie natürlich das richtige Gespür, um einzuschätzen, wie sehr Sie in die Gefühlswelt Ihres Kunden eintauchen dürfen. Das bringt uns zum nächsten Punkt, im Hinblick auf die Wichtigkeit für die emotionale Intelligenz.

3. Empathie
Es geht um kognitives Einfühlungsvermögen, in dem Sinne, dass Sie verstehen, wie Ihr Gegenüber sich fühlt und Sie dies mit Respekt behandeln. Emotional intelligente Menschen sind sehr gut darin, die Emotionen anderer Menschen zu spüren.

Dünne Antennen helfen ihnen, die Emotionen anderer zu spüren und entsprechend auf ihr Gegenüber und dessen Bedürfnisse zu reagieren. Empathie erleichtert den Aufbau von Vertrauen, was für alle menschlichen Beziehungen gilt. Gleiches gilt für Vertriebsbeziehungen. Ihre Kunden fühlen sich gesehen und wertgeschätzt, wenn sie merken, dass Sie sie und ihre Gefühlswelt wirklich verstehen und entsprechend reagieren.

Im Vertrieb und mit Kunden sorgt die emotionale Intelligenz für eine Win-win-Situation
Wie Sie sehen, ist emotionale Intelligenz eine wichtige Fähigkeit für jede Art zwischenmenschlicher Beziehung. Besonders im Vertriebsbereich, wo wir ständig im Kontakt mit anderen Menschen und ihren Gefühlswelten stehen.

Wenn Sie Ihre emotionale Intelligenz trainieren, sorgen Sie dafür, dass das Bild einer manipulativen, gierigen Verkaufsperson der Vergangenheit angehört. Und das Wichtigste: Davon profitieren alle Seiten. Sie, weil Sie besser mit Ihren Emotionen umgehen können, und Ihr Gesprächspartner, weil Sie angemessen auf seine Gefühle reagieren.

Eines dürfen Sie sich sicher sein: Wenn Sie nicht nur an Profitgier interessiert sind, sondern Ihren Kunden auch wirklich helfen wollen, dann ist emotionale Intelligenz der Schlüssel zum einfachen und erfolgreichen Verkaufen. Die Menschenkenntnis ist eine neue Währung und Empathie kann eine Maschine nicht ersetzen.

Förderung von emotionaler Intelligenz in Unternehmen

Die emotionale Intelligenz ist nicht erst seit Kurzem eine wichtige Kompetenz im Arbeitsalltag aller Mitarbeiter, vom Praktikanten bis zum Vorstandsmitglied und der Führungskraft. Diese Funktion beeinflusst die Arbeitseffizienz erheblich um 60 %.

Emotionale Intelligenz im Unternehmen bedeutet, Geschäftsprozesse zwischen Individuen und der Arbeitswelt voranzutreiben. Das Ergebnis ist eine gute Geschäftsentwicklung. Dabei betrifft die emotionale Intelligenz alle Unternehmensbereiche und Abteilungen. Im Kontext der Globalisierung, des technologischen Fortschritts und des Wertewandels ist es wichtig, Führungsstile und -fähigkeiten zu entwickeln, die dieser Dynamik entsprechen. In diesem Zusammenhang können wir von einer deutlichen Veränderung des Anforderungsmodells für Führungskräfte, aber auch Mitarbeiter sprechen.

Um emotionale Intelligenz zu entwickeln, ist Geduld gefragt. Auch wenn Führungskräfte und Mitarbeiter ihre emotionale Intelligenz schulen und fördern können, bildet sich diese jedoch erst durch jahrelange persönliche Entwicklung. Dies beginnt bereits in der Kindheit. Ein simples Seminar zur emotionalen Intelligenz ersetzt daher keine jahrzehntelange Lebenserfahrung. Um die Wettbewerbsfähigkeit in der heutigen Gesellschaft langfristig zu sichern, ist es unerlässlich, die Talente von morgen von Kindesbeinen an zu fördern. Doch haben Sie keine Sorge, wenn dies bei Ihnen nicht direkt in der Kindheit gefördert wurde, denn emotionale Intelligenz ist erlernbar.

Wie Sie bereits wissen, gibt es in der emotionalen Intelligenz die Schlüsselbereiche:

- Selbstwahrnehmung
- Soziales Bewusstsein
- Selbstmanagement
- Beziehungsmanagement

Es ist nicht festgelegt, in welcher Reihenfolge Sie diese Bereiche bei sich fördern müssen. Es gibt auch kein „erst wenn, dann ...". Wenn Sie sich zuallererst selbst reflektieren, können Sie schon feststellen, welcher der Bereiche bereits ausgeprägt ist und welcher vermehrt Ihre Aufmerksamkeit benötigt. Richten Sie daher Ihren Fokus auf Ihre Stärken und Schwächen, hinsichtlich der emotionalen Intelligenz. Dies bringt Sie bereits einen großen Schritt weiter.

Innerhalb eines Unternehmens ist es also wichtig, die Einzelkomponenten zu fördern. Wenn Sie beispielsweise mehr Empathie bei Ihren Mitarbeitern entwickeln wollen, müssen diese sich zunächst stärker bemühen, die Bedürfnisse ihrer Kollegen durch aufmerksames Beobachten und Zuhören zu verstehen.

Daher muss jeder von ihnen nonverbale Signale erkennen, individuelle Interessen und Fähigkeiten von Mitarbeitern erfassen oder die Machtverhältnisse innerhalb der Gruppe verstehen.

Wenn die Empathiefähigkeit sehr stark ausgeprägt ist, ist es auch möglich, die Emotionen und Reaktionen eines Dritten zu antizipieren. Dann können auch Kundenbedürfnisse erfüllt werden, bevor diese kommuniziert werden.

Nicht jeder Mitarbeiter und jede Führungskraft ist in den einzelnen Bereichen ein Top-Performer. Jeder verfügt über die ganz eigenen Stärken und Schwächen. Es ist daher auch leider nicht möglich, eine einzelne Übung zu absolvieren, da mehrere Aspekte der emotionalen Intelligenz nicht gleichzeitig trainiert werden können. Hinzu kommt außerdem, wie bereits erwähnt, dass alles bei Ihnen und der persönlichen Weiterentwicklung beginnt.

Fangen Sie also bei sich an und greifen Sie für die Förderung der emotionalen Intelligenz auf folgende Methoden zurück:

Fördern Sie Ihre Selbstwahrnehmung

Gönnen Sie sich ab und zu eine Auszeit bei der Arbeit und konzentrieren Sie sich einen Moment auf Ihr Wohlbefinden. Welche Emotionen können Sie wahrnehmen und können Sie deren momentane Existenz nachvollziehen?

Sie können auch abends Ihren Tag Revue passieren lassen. Eventuell erkennen Sie bestimmte Muster im Hinblick auf Ihre Gefühle oder können Reize festmachen, die für bestimmte Emotionen verantwortlich sind. Durch diese Reflexion erlangen Sie nach und nach ein größeres Bewusstsein und ein besseres Verständnis für Ihre Gefühlswelt. Eine gute Möglichkeit bietet dafür das Journaling, auf welches im nächsten Kapitel näher eingegangen wird.

Treiben Sie Sport

Sport hilft: Nach Erschöpfung ist der Geist befreit und klar, es fällt Ihnen leichter, zu sich selbst zu finden. Außerdem können Sie im ersten Schritt üben, sich Ihres Körpers bewusster zu sein – das ist oft einfacher, als sich auf Ihre Gefühle zu konzentrieren. Gehen Sie auch in der Mittagspause raus und vertreten Sie sich ein wenig die Beine oder schnappen Sie ein paar Minuten Luft, wenn Ihnen auf der Arbeit etwas über den Kopf wächst.

Reagieren Sie bewusster

Vermeiden Sie gezielt impulsive Reaktionen und erhöhen Sie Ihre Frustrationstoleranz. Bringen Sie etwas Abstand zwischen Vorkommnis und Reaktion. Auch hier kann es hilfreich sein, wenn Sie sich eine Pause gönnen und etwas Luft schnappen.

Wenn möglich, verschieben Sie beispielsweise die Beantwortung schwieriger Themen um ein oder zwei Tage. Beachten Sie, wie sich Ihre Einstellung im Laufe der Zeit ändert, dies verhilft Ihnen, mit Bedacht zu reagieren.

Führen Sie Selbstgespräche

Ein Dialog im Inneren oder auch laute Gespräche mit Ihnen selbst helfen, dass Gedanken und Gefühle geordnet und besser verstanden werden. Das schärft den Blick auf die eigene Gefühlswelt, schafft Klarheit und steigert Ihre Entscheidungsfähigkeit. Sie können Ihren Dialog auch schriftlich fixieren, so haben Sie die Möglichkeit, zwei Argumente gegeneinander abzuwägen. Auf diese Weise können Sie auch besser verstehen, zu welchem Argument Sie mehr tendieren.

Lesen Sie Bücher

Hier geht es weniger um Sachbücher, sondern um Romane, denn wir erfahren die Geschichte aus der Sicht des Protagonisten, der seine eigenen Gedanken und Gefühle vertritt. Dies kann eine gute Übung sein, um mehr über die inneren Welten anderer Menschen zu erfahren. Schauen wir genauer hin:

- Was motiviert die Figur?
- Warum hat er die Entscheidung getroffen?

Nehmen Sie sich ein Buch mit in die Firma, so können Sie in Ihrer Mittagspause darin lesen und versinken.

Bewerten Sie keine Gefühle

Wir neigen oft dazu, negative Emotionen zu unterdrücken und uns so wenig wie möglich mit ihnen auseinanderzusetzen. Letztendlich behindert dies die Entwicklung unserer emotionalen Intelligenz. Daher sollten Sie stets versuchen, sich Ihrer Emotionen bewusst zu sein. Versuchen Sie, sie anzuerkennen, ohne sie sofort zu verurteilen. Gehen Sie offen mit aufkommenden Emotionen um, damit Sie ihnen aus einer ruhigen Perspektive auf den Grund gehen können. Gleichzeitig muss man natürlich auch offen für die Gefühle anderer Menschen sein und sie nicht voreilig verurteilen.

Zusammenfassend sollten Sie in Ihrem Arbeitsalltag folgende Tipps beachten, um Ihre emotionale Intelligenz zu steigern:

- Gehen Sie mit Ihrer Aufmerksamkeit zu den Emotionen Ihrer Kollegen und achten Sie auf diese. Behalten Sie dabei immer Ihre eigenen Emotionen im Blick.
- Bei Wut oder Ärger können Sie Ihre eigenen Emotionen kontrollieren, indem Sie zuerst langsam bis fünf zählen, bevor Sie etwas erwidern.
- Setzen Sie sich in die Lage Ihres Gegenübers und versuchen Sie, dessen Sichtweise zu verstehen.
- Üben Sie das Zuhören, wie in Kapitel **„Praxisbeispiele und Übungen zur Steigerung der Empathie und sozialen Kompetenz“** beschrieben.
- Vergessen Sie nie, Ihre Mitarbeiter und Kollegen auch für deren Arbeit zu loben.

Wenn Sie sich auf diese Punkte fokussieren, werden Sie immer mehr Ihre emotionale Intelligenz fördern, was auch Ihrem Unternehmen zugutekommt.

Tipp:
Ist Ihr Unternehmen gerade auf der Suche nach neuen Mitarbeitern, können Sie bereits in Vorstellungsgesprächen heraushören, ob der Bewerber über eine hohe emotionale Intelligenz verfügt. Hilfreich sind dazu folgende Fragen:

- Welche Person hat Sie in Ihrem Leben am meisten inspiriert?
(Hier lassen sich die Werte heraushören und die Antwort verrät, wie der Bewerber gerne sein möchte.)
- Welche drei Firmenwerte sind Ihnen am wichtigsten, wenn Sie morgen ein eigenes Business gründen würden?
(Diese Frage gibt Aufschluss über die Prioritäten, die der Bewerber hat.)
- Konnten Sie auf Ihrer Arbeit mit einem Kollegen eine langanhaltende Freundschaft aufbauen?
(Freundschaften auf Dauer aufzubauen, erfordert seine Zeit. Beantwortet der Bewerber diese Frage mit einem „Ja", lässt sich eine hohe emotionale Intelligenz festmachen.)
- Welche Fähigkeit fehlt Ihnen Ihrer Meinung nach noch?
(Bestenfalls gibt sich der Bewerber nicht allwissend, sondern zeigt Interesse und Neugier an etwas Neuem.)

Fallbeispiele und praktische Tipps für die Anwendung im beruflichen Umfeld

Wie Sie bereits wissen, ist die emotionale Intelligenz sowie der Intelligenzquotient angeboren. Das bedeutet, dass jeder über ein unterschiedliches Maß an emotionaler Intelligenz verfügt. So wie Sie Ihre geistige Intelligenz durch hartes Lernen und regelmäßiges Üben verbessern, stärken und manifestieren können, können Sie auch Ihre emotionale Intelligenz entwickeln und verbessern.

Es ist wichtig, so viel wie möglich mit anderen in Kontakt zu treten. Durch Ausprobieren lernen Sie schließlich, was die richtige Reaktion auf Ihre Emotionen ist und wie Sie diese gezielt in Ihrem beruflichen Umfeld einsetzen können.

Fallbeispiel:
Während eines Gesprächs mit einem Kollegen bemerken Sie, dass dieser sich anders verhält als sonst. In seinem Auftreten ist er viel ruhiger, er erzählt weder von seinem Wochenende noch seinem gestrigen Tag und ist insgesamt viel zurückhaltender. Dadurch, dass Sie dies bereits bemerkt haben, legen Sie ein hohes Maß an emotionaler Intelligenz an den Tag. In einem ruhigen Moment, fernab von anderen Kollegen, nehmen Sie Ihren Kollegen zur Seite und fragen ihn, was los ist, ob Sie irgendetwas tun können, um zu helfen. Wie auch immer die Reaktion Ihres Kollegen nun ausfällt, sei es dankbar oder auch gereizt, lassen Sie dies nicht an sich ran und nehmen es nicht persönlich. Auch die berufliche Beziehung zu Ihrem Kollegen wird nicht beeinträchtigt, da Sie wissen, dass seine Reaktion nichts mit Ihnen zu tun hat.

Zur emotionalen Intelligenz können verschiedene Maßnahmen ergriffen werden, die einen guten Ausgangspunkt darstellen:

Die Förderung von emotional intelligenten Mitarbeitern

Um die emotionale Intelligenz in Ihrem Unternehmen, zusammen mit bestehenden Mitarbeitern, zu entwickeln, sollten Sie erwägen, aktuelle Mitarbeiter mit hoher emotionaler Intelligenz in Management- oder Projektmanagementpositionen zu befördern oder einzustellen, um ein gemeinsames Ziel zu erreichen.

Dadurch führen Sie nicht nur andere Mitarbeiter in wichtige Praktiken der emotionalen Intelligenz ein, sondern können auch das Team produktiv und effizient steigern.

Entwickeln Sie emotionale Intelligenz am Arbeitsplatz bei aktuellen Teams

Eine direktere Möglichkeit, die emotionale Intelligenz am Arbeitsplatz Ihres aktuellen Teams zu verbessern, besteht darin, ein Training zur emotionalen Intelligenz anzubieten.

Sie helfen Ihrem Team dabei, den aktuellen Stand der emotionalen Intelligenz zu ermitteln. Dadurch können Selbstbewusstsein, Anpassungsfähigkeit, operatives Bewusstsein oder Teamarbeit verbessert werden. Wissenschaftler sagen, dass emotionale Intelligenz in allen Phasen des Lebens gelehrt werden kann – es ist also nie zu spät.

Implementieren Sie Strategien zur emotionalen Intelligenz

Es gibt viele Taktiken, mit denen die emotionale Intelligenz am Arbeitsplatz entwickelt werden kann.

- Setzen Sie sich mit Ihren Teammitgliedern zusammen und lernen Sie, über Gefühle und Emotionen zu sprechen. Lassen Sie einen nach dem anderen reden, damit Gefühle beim Namen genannt werden und schlussendlich auch die Selbstwahrnehmung angeregt wird.
- Schaffen Sie Möglichkeiten für Mitarbeiter, „gemeinsam Spaß zu haben", indem Sie Gruppenausflüge oder Weihnachtsfeiern organisieren, um den Teamzusammenhalt zu fördern.
- Veranstalten Sie Workshops zu den einzelnen Kompetenzbereichen. Lassen Sie die Mitarbeiter beispielsweise dieselbe Übung machen, wie in Kapitel **„Selbstreflexion und Erkennen eigener Denk- und Verhaltensmuster"** unter dem Punkt „Zwiegespräch" beschrieben. So wird auf der einen Seite das Zuhören trainiert, aber auch das Beschreiben und Benennen der eigenen Emotionen.

Weitere Tipps zur Anwendung im beruflichen Umfeld

1. Üben Sie sich darin, kritikfähig zu werden

Auf die Fähigkeit, Kritik anzunehmen oder auszuüben, wirken sich die gleichen Komponenten aus wie bei der emotionalen Intelligenz: Es geht um uns selbst, aber es geht auch um andere. Üben Sie sich darin, dass Sie Kritik offen annehmen, ohne sofort in Sorge zu verfallen oder gar sich selbst fertigzumachen. In erster Linie sollten Sie prüfen, inwieweit die Kritik berechtigt ist, bevor Sie sich im Nachgang darüber Gedanken machen, was Sie daraus lernen und besser machen können. Selbstverständlich sollten Sie auch lernen, andere Menschen konstruktiv zu kritisieren. Achten Sie aber darauf, dass Sie dies nicht verletzend tun. Orientieren Sie sich am besten daran, wie Sie selbst behandelt werden möchten.

2. Gestehen Sie Ihren Kollegen und Vorgesetzten deren individuelle Persönlichkeit zu

Ein jeder Mensch ist ein Individuum, mit eigenen Ansichten, eigenen Erfahrungen und Werten. Je mehr Sie verstehen, dass die Welt, wie Sie sie sehen, nicht automatisch genauso von anderen Menschen gesehen wird, desto einfacher wird es, ihren Standpunkt zu verstehen. Auf diese Weise steigern Sie Ihre emotionale Intelligenz.

Emotional intelligente Menschen denken, dass andere Meinungen oder Überzeugungen nicht gefährlich, sondern interessant sind – tatsächlich sehen sie darin eine Chance, etwas zu lernen.

3. Beschäftigen Sie sich mehr mit Ihren Kollegen

Die emotionale Intelligenz bezieht sich auf Sie selbst und auf andere. Daher ist es für die Entwicklung ratsam, sich vermehrt mit den Kollegen zu beschäftigen. Begegnen Sie ihnen offen und interessiert. Beobachten Sie sie und erfahren Sie so viel wie möglich über die menschliche Psychologie. Hören Sie deren Probleme oder Ansichten an und versuchen Sie, gemeinsam Lösungen zu finden. Je mehr Sie sich mit Ihren Kollegen beschäftigen, je mehr Sie erfahren, desto ausgeprägter wird Ihre emotionale Intelligenz. Interaktion ist hier das Zauberwort.

4. Lernen Sie den Umgang mit Gefühlen

Gefühle begleiten uns tagtäglich. Wir werden sowohl mit den eigenen Gefühlen konfrontiert als auch mit denen unserer Kollegen. Daher ist es sehr bedeutsam, einen guten Umgang mit ihnen zu entwickeln. Haben wir weniger Angst vor unseren eigenen Gefühlen und den Gefühlen anderer, können wir besser mit ihnen umgehen und uns in emotionalen Situationen entsprechend verhalten.

Das ist genau das, worum es bei der emotionalen Intelligenz geht:

Um wirklich souverän mit den Emotionen anderer Menschen umgehen zu können, sollten Sie keine Angst vor Ihren eigenen Emotionen haben. Erkunden Sie daher neugierig Ihre Gefühlswelt und akzeptieren Sie jede Ihrer Emotionen als etwas, das untrennbar mit Ihnen verbunden ist. Eine gute Gelegenheit hierfür ist eine Meditation. Aber auch im Alltag können Sie mit Ihrer Achtsamkeit offen für Ihre Gefühle sein: Urteilslos wahrzunehmen, was in Ihnen vorgeht.

Stellen Sie sich dazu mehrmals täglich folgende Fragen:

- Wie fühle ich mich und wo genau spüre ich dieses Gefühl in meinem Körper?
- Was genau in mir löst dieses Gefühl aus?
- Wie gehe ich damit um?

Wenn Sie diese Tipps umsetzen, steht Ihnen nichts im Wege und Sie werden feststellen, dass es Ihnen immer leichter fällt, mit den eigenen und fremden Emotionen umzugehen. Denken Sie immer daran: Sie halten das Drehbuch Ihres Lebens in den Händen.

Meditation:
Setzen Sie sich für diese Meditation auf einen Stuhl und achten Sie darauf, dass Ihre Füße den Boden berühren und Ihr Rücken gerade ist. Legen Sie Ihre Hände auf Ihren Knien ab und schließen Sie Ihre Augen. Atmen Sie einige Male tief durch die Nase in den Bauch ein und durch den Mund wieder aus. Kommen Sie durch die Atmung ganz in diesem Moment an und lassen Sie alle aufkommenden Gedanken an Ihnen vorbeiziehen. Lassen Sie Ihren Atem nun wieder seinen ganz normalen Rhythmus gehen. Stellen Sie sich jetzt eine Treppe vor, die Sie Stufe für Stufe nach unten gehen. Mit jedem Schritt werden Sie ruhiger und kommen in eine noch tiefere Entspannung. Gehen Sie so weit hinunter, bis Sie eine Tür sehen. Gehen Sie durch diese Tür in einen Raum. Dies ist der Raum Ihrer Emotionen und Gefühle. Schauen Sie sich in diesem Raum um und setzen sich dann auf einen Stuhl. Welche Emotionen können Sie hier spüren? Egal, was sich Ihnen jetzt zeigt, Sie brauchen keine Angst zu haben, denn Sie sind nicht diese Emotionen. Bleiben Sie lediglich in der Beobachterposition. Nehmen Sie alles wahr, was sich Ihnen jetzt zeigen will, und erkennen Sie an, dass alles ein Teil von Ihnen ist. Bleiben Sie so lange in diesem Raum, wie es sich für Sie richtig anfühlt. Sie können den Emotionen auch sagen, dass Sie sie akzeptieren, als Teil von Ihnen, Sie aber dennoch am Steuer sitzen und die Macht beibehalten. Wenn Sie nun möchten, können Sie den Raum wieder verlassen und die Treppenstufen langsam hinaufgehen. Spüren Sie mit jedem Schritt, den Sie hochgehen, eine Leichtigkeit. Atmen Sie dann einige Male tief ein und aus und kommen wieder zurück ins Hier und Jetzt.

Kapitel 5: Emotionale Intelligenz im persönlichen Wachstum

Emotionale Intelligenz gehört, um sich persönlich weiterzuentwickeln, zu den Methoden, die erlernt werden können. Was denken Sie, wie sich Ihr Leben in allen Bereichen positiv entwickeln würde, wenn Sie die emotionale Intelligenz in Ihren Alltag integrieren. Die Investition lohnt sich, da Ihre emotionale Intelligenz mit zunehmender Übung steigt. Die Ergebnisse eines solchen Trainings werden am Grad der emotionalen Kompetenz gemessen und zeigen sich in der Wertigkeit Ihres Verhaltens und Ihrer Entscheidungen.

Integration emotionaler Intelligenz in den Alltag

Die emotionale Intelligenz beeinflusst, wie wir uns verhalten und die Art, wie wir kommunizieren. Daher ist sie ein wichtiger Faktor in unserem täglichen Leben. Beziehungen und Emotionen spielen heute eine wichtige Rolle dabei, wie wir uns selbst sehen und wie wir auf andere reagieren. Es ist jedoch wie alles andere im Leben nutzlos, wenn Sie die Fähigkeit der emotionalen Intelligenz nicht regelmäßig anwenden. Wie können Sie sie also in Ihrem Alltag am besten nutzen und integrieren?

- Achten Sie darauf, wie Sie sich tagsüber fühlen.
- Benennen Sie Ihre Gefühle und versuchen Sie, deren Ursachen zu verstehen.
- Lernen Sie, Ihre Emotionen zu kontrollieren, anstatt ihnen nachzugeben.
- Nutzen Sie Entspannungstechniken wie Progressive Muskelentspannung oder Atemübungen, um zur Ruhe zu kommen.
- Lernen Sie, Ihre Gefühle auf eine Weise auszudrücken, die für andere verständlich und respektvoll ist.
- Lassen Sie Ihre Gefühle nicht an anderen aus und halten Sie sie nicht zurück.
- Fördern Sie positive Gedanken und Gefühle, bemerken Sie negative Gedanken und ersetzen Sie sie durch positive.
- Arbeiten Sie an Ihrem Selbstwertgefühl.

- Entdecken Sie, warum Sie bestimmte Entscheidungen treffen, und hören Sie auf Ihre Gefühle.
- Wenn Sie eine gründlichere Analyse wünschen, können Sie vor einer Entscheidung auch Daten und Fakten vorab analysieren.
- Achten Sie darauf, wie andere sich fühlen, und versuchen Sie, ihren Standpunkt zu verstehen.
- Fragen Sie sich, warum andere so denken und wie Sie ihnen helfen können, denn wir alle wollen Bestätigung.
- Wertschätzung und Zustimmung zu Kommentaren sind ein wirksames Mittel, um jemandem das Gefühl zu geben, wertgeschätzt zu werden.
- Seien Sie offen für neue Ideen und probieren Sie diese aus.
- Nutzen Sie Ihre Intuition und entdecken Sie andere Wege, um Ihre Ziele zu erreichen.
- Seien Sie dankbar für alles, was Sie haben, insbesondere für Ihre Beziehungen, Freunde, Kollegen und alle anderen sozialen Verbindungen.

Vor allem ist eine emotionale Intelligenz in den verschiedenen Bereichen wie Familie und Beziehung von großer Bedeutung.

Emotionale Intelligenz in der Familie

Wie kann Ihnen die emotionale Intelligenz innerhalb Ihrer Familie helfen? Natürlich weiß ein jeder, dass sich in der Familie auf Augenhöhe begegnet werden und der Umgang stets liebevoll sein sollte. Doch im Alltag ist dies nicht immer einfach, aufgrund der immer wieder auftretenden Herausforderungen, welche auf den Schultern lasten. Es ist daher wichtig, sich immer wieder auf das Wesentliche zu besinnen, indem wir achtsamer sind.

Haben Sie sich jemals gefragt, warum es für unsere Familienmitglieder so einfach ist, Ihre Nerven in nur wenigen Sekunden überzustrapazieren? Es passiert einfach, egal, wie bewusst wir versuchen, achtsam zu sein.

Das liegt oft daran, dass unsere Kinder unser Spiegel sind. Sie zeigen uns genau, was an unserem Verhalten falsch ist. Sie zeigen uns direkt unsere Schwächen. Kein Wunder, dass wir emotional reagieren.

Doch es gibt noch einen weiteren Grund für unsere starke Reaktion unserer Familie gegenüber. Es ist erwiesen, dass diejenigen, die zur Familie, dem engsten Umfeld, gehören, höhere Ansprüche und Erwartungen haben als diejenigen, die uns emotional nicht allzu nahestehen. Es ist fraglich, ob dies der richtige Weg ist und aus diesem Grund eine andere

Strategie verfolgt werden sollte. Dadurch vermeiden Sie nicht nur die Erwartungsfalle, sondern können auch den Weg der emotionalen Intelligenz beschreiten.

An einem Streit sind immer mindestens zwei Personen beteiligt. Eine der Personen kann in ihren Emotionen und der Reaktion kontrolliert werden. Für gewöhnlich sind es Sie selbst. Nur wenn Sie für sich selbst sorgen können, können Sie die Situation entschärfen. Vergleichen Sie die Situation im Flugzeug. In der Sicherheitsanweisung wird ausdrücklich darauf aufmerksam gemacht, dass Sie sich im Falle eines Druckabfalls die Sauerstoffmaske aufsetzen und erst dann anderen Passagieren helfen sollen. Genauso sollten Sie auch bei Streitigkeiten handeln.

Was Sie nun tun können:
Senken Sie Ihre Arme, verlieren Sie den Fokus oder schließen Sie Ihre Augen vollständig. Atmen Sie nun tief ein und zählen Sie bis 10. Wenn Sie sehr emotional sind, können Sie auch bis 20 zählen. Beobachten Sie sich selbst, als ob Sie sich als Außenseiter betrachten könnten. Was passiert jetzt mit Ihnen? Welche Reaktionen lassen sich an dieser Stelle reproduzieren?

Atmen Sie und schauen Sie weiter. Die emotionale Kontrolle passiert ganz natürlich, wenn Sie tief durchatmen.

Diese Übung kann zunächst überwältigend sein, aber Sie sollten Ihre Atmung nutzen, um Ihre Emotionen zu kontrollieren. Sie können sich bewusst weigern, Opfer Ihrer eigenen Emotionen zu werden, und Sie können Ihren Kindern oder Ihrem Partner auch ein klares Beispiel dafür geben, dass all diese Aufregung nicht nötig ist, dass es eine andere Möglichkeit gibt, die Situation zu klären.

Handeln Sie niemals im Eifer des Gefechts

Vielleicht kennen Sie die Aussagen von dem israelischen Psychologen Haim Omer (* 1949), der sagt, dass das Eisen geschmiedet werden soll, wenn es kalt ist. So verhält es sich in einer hitzigen Diskussion. Wenn die Gemüter heiß laufen, lässt sich nichts klären, denn das sogenannte „Reptilienhirn" dominiert das Verhalten. Entweder Sie möchten weglaufen oder angreifen. Beides ist schlecht und liefert kein gutes Ergebnis. Bis das „Säugetierhirn" wieder die Oberhand gewinnt, muss es zunächst abkühlen. Sagen Sie beispielsweise: „Ich brauche kurz etwas Zeit, um mich zu beruhigen, damit ich wieder klar denken kann." Die Auszeit hilft nicht nur

Ihnen, sondern auch Ihrem Gegenüber, den rationalen Verstand wieder mit ins Boot zu holen.

Lehren Sie Ihren Kindern, Gefühle zu verstehen

Was die Gefühle angeht, haben Kinder einiges zu lernen, das bedeutet, dass Sie als Elternteil beziehungsweise Erwachsener diese den Kindern erklären müssen. Nehmen Sie eine neutrale und unterstützende Haltung ein. Es geht um eine klare Erklärung, die das Kind wirklich versteht. Daher sollte diese auch altersgerecht sein. Es wird sichergestellt, dass die Reaktion nicht übermäßig ausfällt, aber auch nicht unterdrückt wird. Das Kind kann dadurch Emotionen annehmen und verarbeiten. Denken Sie daran, dass Eltern oft die Reaktionen ihrer Kinder auslösen.

Emotionale Intelligenz im Freundeskreis

Was wäre, wenn Sie sich jederzeit in die Lage Ihrer Freunde versetzen könnten? Schon durch kurzes Hinsehen oder Reden wissen Sie genau, was im Kopf Ihres Freundes vorgeht und können entsprechend reagieren. Sie werden zwar immer noch kein Hellseher sein, aber Sie werden die Fähigkeit haben, sich in die Situation Ihrer Freunde hineinzuversetzen. Wenn das eine Freundschaft nicht stärken kann, was dann?

Was Sie tun können:

Sie können die verschiedenen Ratschläge, über die in den vorangegangenen Kapiteln geschrieben wurden, anwenden. Fokussieren Sie sich auf Ihren Freund, hören Sie interessiert zu, achten Sie auf die Körpersprache und benennen Sie die Gefühle. Sie können Verständnis zeigen, indem Sie sagen: „Ich weiß, wie du dich fühlst." Arbeiten Sie gemeinsam an einer Lösung. Was kann aktiv getan werden, dass es Ihrem Freund wieder besser geht? Auf welche eigenen Erfahrungen können Sie zurückgreifen und Ratschläge geben? Dabei ist es ganz egal, ob Ihr Freund diese Ratschläge annimmt oder nicht, er wird es aber sehr zu schätzen wissen, dass Sie sich so liebevoll und verständnisvoll um ihn kümmern.

Wie die emotionale Intelligenz im Freundeskreis hilft

Sie können Ihre eigenen Gefühle und Emotionen erkennen, akzeptieren und ausdrücken. Dies bringt Sie in eine gute Ausgangsposition, denn so öffnen Sie Ihr Inneres. Offenheit ist immer eine gute Möglichkeit, Freunde zu finden und zu behalten. Außerdem ist es toll, sich seinen Freunden anzupassen, wenn es nötig ist.

Können Sie die Gefühle und Emotionen Ihrer Freunde aufnehmen und entsprechend darauf reagieren, werden Sie einen besonderen Platz als verständnisvoller Freund einnehmen.

Emotionale Intelligenz in Beziehungen

Wir alle wissen, dass keine Partnerschaft ohne kleine Probleme existiert. Manchmal entsteht es irgendwie und ist nicht mehr vermeidbar.

Was die emotionale Intelligenz in unserer Beziehung bewirkt

Erinnern wir uns kurz daran, dass wir mithilfe der emotionalen Intelligenz nicht nur unsere Emotionen, sondern auch unsere Reaktionen und Gefühle mehr oder weniger kontrollieren können.

Wenn wir in den Grundübungen zur emotionalen Intelligenz gut sind, können wir auch die Entwicklung subtiler Emotionen unseres Partners erkennen. Natürlich sollten wir unseren Partner grundsätzlich gut genug kennen, um seine Stärken und Schwächen zu kennen. Mithilfe von Methoden der emotionalen Intelligenz fällt es uns jedoch leichter, die Nuancen zu erkennen.

Zunächst einmal ist das Training der emotionalen Intelligenz auch für unsere eigenen Reaktionen wichtig. Betrachten wir die Emotion zunächst ruhig, schalten wir dann erst die Hirnrinde hinzu, um ruhig und taktvoll eine angemessene Reaktion hervorzurufen. Dieser Ansatz wird uns dabei helfen, nicht beim ersten vermeintlich falschen Wort zu explodieren, sondern auf jeden Fall eine moderate Reaktion zu zeigen. Und es gibt keinen Treibstoff für irgendwelche Konflikte. Während des Trainings zu mehr emotionaler Intelligenz haben Sie gelernt, vergangene negative emotionale Erinnerungen in positive oder zumindest neutrale Erinnerungen umzuwandeln. Dies wirkt sich auch auf die Reaktion aus, welche Sie nun nach außen tragen. Für den Partner und auch für Sie ist dies ein Geschenk, denn sind wir doch ehrlich: Harmonie ist immer schöner als meist unnötiger Streit.

Umgang mit eigenen Emotionen in verschiedenen Lebensbereichen

Sie kennen wahrscheinlich die Zeiten, in denen Sie von Emotionen überwältigt werden. Beispielsweise, wenn Sie Angst vor unsicheren Situationen und düstere Gedanken haben. Wenn Sie etwas gesagt bekommen, was Ihnen nicht gefällt und Sie verletzt. Oder auch schlichtweg etwas Schlimmes im Fernsehen sehen, was Sie aufwühlt. Damit Sie die Fähigkeit bewahren, zu denken, zu handeln und kluge Entscheidungen zu treffen, hilft eine wirksame emotionale Kontrolle.

Sie haben im Unterkapitel „Bedeutung von Emotionen und ihre Auswirkungen auf das Verhalten" bereits gelernt, dass es wichtig ist, die Emotionen nicht zu unterdrücken, sondern zu benennen und dann zu kanalisieren. Dass es nicht immer leicht ist, sich von Emotionen nicht überwältigen zu lassen, dürfte klar sein. Wir sind aber nicht machtlos und können lernen, mit den Emotionen umzugehen.

Die moderne Psychologie glaubt, dass man seine Emotionen zumindest bis zu einem gewissen Grad kontrollieren kann. Das ist für uns möglich, weil die Teile des Gehirns, die für diese Steuerung zuständig sind, gezielt trainiert und umprogrammiert werden können. Immer wenn Emotionen zur falschen Zeit ausgeschüttet werden, beispielsweise wenn Sie mit einem wichtigen Meeting beschäftigt sind, haben Sie die Kontrolle und können Ihre Emotionen kontrollieren.

Aber keine Sorge, das macht Sie nicht zu einem unverwundbaren Roboter. Sie müssen nur selbst entscheiden, welche Emotionen Sie übermannen dürfen und welche nicht. Ist der Zeitpunkt einfach gerade unpassend, geben Sie sich Ihren Emotionen erst dann hin, wenn es für Sie passt.

Wichtig hierbei ist das sogenannte „ABC der Emotionen". „A" steht für die Situation, in der Sie sich befinden. Der Buchstabe „B" gibt an, wie Sie sie beurteilen, und der Buchstabe „C" ist das Gefühl, das sich in Ihnen ausbreitet. Es sind nicht nur Ihre Umstände, die für Ihre Emotionen verantwortlich sind. Auch die Kategorisierung des Geschehens spielt eine sehr wichtige Rolle.

Das ABC der Emotionen

Am wichtigsten ist hier „B", nämlich wie Sie die Situation bewerten, denn hier können Sie eingreifen. Was für eine Bewertung Sie der Situation zukommen lassen, bleibt Ihnen überlassen.

Beispiel:
Stellen Sie sich vor, Ihr Partner trifft sich abends, während Sie zu Hause sind, in einer Bar mit Freunden. Es ist nach Mitternacht und Sie haben immer noch keine Antwort auf eine Nachricht erhalten, die Sie vor über einer Stunde gesendet haben – dies ist nun Ihre Situation.

Jetzt müssen Sie sie bewerten. Sagen Sie sich, dass Ihr Partner damit beschäftigt ist, mit Fremden zu flirten, oder denken Sie, dass er sich nur mit den Freunden vergnügt und noch keinen Blick auf das Handy geworfen hat?

Die von Ihnen gewählte Version wird einen großen Einfluss auf die Emotionen haben, die nun hervorgerufen werden. Wird es Wut, Eifersucht und Traurigkeit sein oder werden Sie ruhig bleiben, denn Sie wissen, dass Ihr geliebter Mensch treu ist?

Daher ist das „ABC der Emotionen" ein sehr wichtiges Mittel zur Kontrolle der eigenen Emotionen. Im ersten Moment klingt das sehr einfach, doch dies erfordert Training. Manchmal ist es für uns eben nicht einfach, doch wie immer im Leben gilt auch hier das Motto „Übung macht den Meister". Denn natürlich spielen an dieser Stelle auch die alten Erfahrungen, die einen weiterhin prägen, eine wichtige Rolle. Aber betrachten wir zunächst die Vorteile, die es bietet.

- Sie sind weniger gestresst und bleiben auch in unklaren Situationen gelassen.
- Sie haben mehr Kontrolle über Ihr Handeln, weil es Ihnen leichter fällt, fundierte Entscheidungen zu treffen.
- Sie können sich in widersprüchlichen Gesprächen besser beherrschen und keine voreiligen Dinge sagen, die Sie später vielleicht bereuen.
- Ihr Auftreten wird selbstbewusster, weil Sie auch Ihre Angst besser kontrollieren können.
- Sie schwelgen nicht länger in negativen Emotionen und werden entspannter und glücklicher.

Für den Umgang mit den Emotionen erhalten Sie nun wertvolle Tipps, damit Sie diese auch kontrollieren können.

1. Seien Sie sich Ihrer Emotionen bewusst

Geben Sie Ihren Gefühlen für einen Moment nach und sehen Sie, was sie mit Ihnen machen. Wo entspringen sie? Verursachen sie Kopfschmerzen, Magenbeschwerden oder stechen sie vielleicht sogar ins Herz? Nur wenn Sie sich Ihrer Gefühle wirklich bewusst sind, werden Sie sie nicht in sich reinfressen.

Sie entscheiden, wie lange und wie intensiv Sie es machen. Manchmal ist es gut, die Augen für eine Weile zu schließen. Atmen Sie dreimal tief durch die Nase ein und durch den Mund aus. Eine ruhige Atmung sendet dem Gehirn das Signal „Alles ist gut".

Sagen Sie sich: „Ich erlaube allem, was gerade da sein möchte, da zu sein.“

Wenn Sie merken, jetzt ist es gut, stellen Sie sich einen Kreis um sich vor, aus dem Sie jetzt einen Schritt raustreten.

2. Nur Sie sind für Ihre Gefühle verantwortlich

Nur Sie allein können über Ihre Gefühle entscheiden. Diese Macht hat niemand sonst. Es hängt ganz davon ab, wie Sie die Situation und die Emotionen, die daraus entstehen, bewerten. Und deshalb können nur Sie Ihre Gefühlswelt beruhigen. Seien Sie sich dieser Macht wieder bewusst und nehmen Sie das Zepter in die Hand. Geben Sie keinem anderen, der eventuell an der Situation beteiligt ist, die Schuld für mögliche emotionale Ausbrüche, denn damit geben Sie die Macht wieder aus Ihrer Hand. Nur Sie haben die Kontrolle.

3. Denken Sie über Ihre Gedanken nach

Nehmen Sie sich Zeit und denken Sie über die Gedanken nach, die Ihnen durch den Kopf gingen, bevor bestimmte Emotionen auftauchten. Dies wird Ihnen auf jeden Fall dabei helfen, die Situation noch einmal zu überprüfen. Wo hat alles angefangen? Wie bewerten Sie sie?

Da Ihre Gedanken einen besonderen Einfluss auf Ihre Emotionen haben, ist es hilfreich, zurückzublicken und sie sorgfältig zu betrachten. Dadurch erhalten Sie wichtige Informationen, die Ihnen beim nächsten Mal helfen, Ihre Emotionen besser zu kontrollieren.

4. Bevor Sie Ihre Gefühle verändern, ändern Sie zuerst Ihre Gedanken

Wenn Gedanken Emotionen beeinflussen, lohnt es sich, mit den Gedanken zu beginnen, nicht wahr? Nachdem wir sie noch einmal überdacht und herausgefunden haben, was hätte besser gemacht werden können, ist es an der Zeit, sie umzusetzen. Was Sie darüber denken, entscheiden Sie. Damit können Sie jede Emotion zumindest teilweise transformieren.

Wurden Sie beispielsweise von einer Person im Stich gelassen? Natürlich ist das im ersten Moment unfassbar schmerzhaft, aber versuchen Sie, sich in die Lage dieser Person zu versetzen. Was war der Grund für dieses Verhalten? Würden Sie dasselbe tun?

Auch wenn es Ihre Frustration nicht vollständig beseitigt, wird zumindest ein Teil davon zu Verständnis führen. Und was Sie noch vor wenigen Minuten wütend gemacht hat, kann langsam verblassen.

5. Konzentrieren Sie sich auf das, was Ihnen guttut.

Stellen Sie sich einmal das folgende Szenario vor:

Sie besuchen regelmäßig das Fitnessstudio und treffen ständig Leute mit vermeintlich besser aussehenden Körpern als Ihrer, was Sie sehr frustriert. Warum geben Sie solchen negativen Emotionen so leichtfertig die Kontrolle? Seien Sie bei sich selbst, bei Ihren Zielen und seien Sie sich bewusst, was Sie bereits erreicht haben. Selbst die Stärksten von ihnen fangen so an wie Sie, und das ist viel motivierender, nicht wahr? Kümmern Sie sich also stets um sich selbst.

6. Stoppen Sie den inneren Monolog

Sie kennen sie bestimmt, diese innere Stimme, der innere Kritiker, der uns ständig an unangenehme Situationen erinnert und uns das Ärgernis von gestern nicht vergessen lässt. Wie oft besprechen Sie mit dieser Stimme alle berechtigten Gründe, die Sie haben, um wütend zu sein? Was dadurch passiert ist, Sie verlängern unnötig Ihre Emotionen und erzeugen negative Energie, die Sie zurückhält. Aber wenn Sie diesen inneren Monolog unterbrechen und Ihre Gefühle objektiver sehen können, haben Sie gewonnen. Sie können in Gedanken oder auch laut „Stopp“ rufen und dann versuchen, aktiv die Gedanken auf etwas anderes zu lenken. Schauen Sie raus aus dem Fenster und fokussieren Sie sich auf das, was Sie sehen können. Es kann durchaus sein, dass Sie dies mehrmals tun müssen, doch es wird funktionieren.

7. Lassen Sie los

Das mag einfacher sein als gesagt, aber es ist unglaublich befreiend. Mithilfe einiger Atemübungen können Sie die überschüssigen Emotionen auf symbolische Weise aus Ihnen herausatmen. Es beeinflusst auch Ihren Geist. Atmen Sie also tief in Ihren Bauch ein und beobachten Sie dabei bewusst Ihren Atem. Stellen Sie sich vor, wie sich diese Atmung durch Ihren Körper bewegt und alle Emotionen aufnimmt, über die Sie mehr Kontrolle erlangen möchten. Atmen Sie dann so lange wie möglich aus, am besten mit einem Ton. Visualisieren Sie, wie mit der Ausatmung die Emotionen und all die Unruhe aus Ihrem Körper fließen.

8. Seien Sie aktiv

Bewegung tut immer gut, besonders draußen, dies wurde nun mehrmals in diesem Ratgeber erwähnt. Hier haben Sie die Freiheit, Ihre Gedanken zu kontrollieren, Ihre Gefühle zu analysieren und Ihren Kopf wieder frei zu bekommen. Vielleicht möchten Sie auch mal wieder einen Spaziergang im Stadtpark oder im Wald machen? Sport fördert nachweislich die geistige Gesundheit, was wiederum dazu beiträgt, dass Sie Ihre Emotionen besser verarbeiten und bewältigen können.

Mit all diesen Tipps haben Sie eine sehr gute Möglichkeit, Emotionen zu kontrollieren. Sie müssen auch nicht alle anwenden, vielleicht liegt Ihnen die eine oder andere Herangehensweise mehr und Sie merken, dass Sie nur ein oder zwei Tipps benötigen, um mehr Ruhe und Gleichgewicht wieder herzustellen. Probieren Sie es aus und verharren Sie nicht in den Gefühlen. Sie haben die Macht.

Entwicklung von Resilienz und positiver Denkweise

Resilienz beschreibt die mentale Stabilität, also die mentale Stärke von Geist und Seele. Die Schlüsselelemente dabei sind Stabilität und Ausgeglichenheit, die es Ihnen ermöglichen, flexibel, behutsam und manchmal auch kreativ auf schwierige Lebensumstände, Krisen oder berufliche Misserfolge zu reagieren und so negative Gefühle wie Hilflosigkeit und Verzweiflung zu vertreiben. Mithilfe von Methoden und Techniken kann eine stabile psychische Belastbarkeit erlernt und trainiert werden, um die persönliche Belastbarkeit zu entwickeln. Ruhig und distanziert zu bleiben und Prioritäten zu setzen, sind nur einige der mentalen Werkzeuge, die Ihnen helfen können, eine positive Einstellung zu entwickeln und Probleme oder Herausforderungen mit Optimismus und Motivation anzugehen.

Die nachfolgenden Tipps und Übungen helfen Ihnen dabei, Achtsamkeit zu entwickeln, Ihre Stärken und Ressourcen für den Umgang mit einer Krise zu erkennen und eine positive Denkweise zu entwickeln.

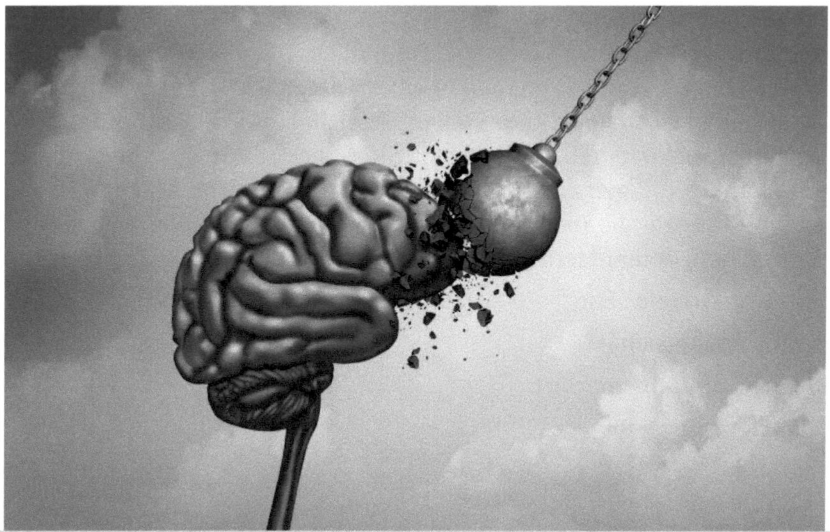

Realitätsprüfung

Krisen kreieren wir oft im Innern. Anspruch an Perfektion, hohe Ansprüche an sich selbst und andere, Streben nach immer besseren Ergebnissen mit immer weniger Ressourcen. Stellen Sie sich täglich die Frage, ob es nicht ausreicht, 80 % der Arbeit mit 20 % Ihrer Kapazität zu erledigen. Ist es wirklich notwendig, 80 % Ihrer Fähigkeiten hinzuzufügen, um sich nur um 20 % zu verbessern? In einer Zeit, in der Arbeitsabläufe schnell sind und Arbeitsergebnisse nicht mehr kontinuierlich generiert werden müssen, ist es eine gute Idee, regelmäßig Feedback von Ihren Vorgesetzten und Kollegen zu den erwarteten Ergebnissen einzuholen. So sorgen Sie jeden Tag für die beste Energiebilanz und Leistung.

Auszeit nehmen

Krisenzeiten sind dadurch gekennzeichnet, dass wir manchmal nicht wissen, was wir tun sollen und unsere alten Bewältigungsstrategien versagen. Oft genügt eine kurze Pause, etwas Abstand und der Glaube, dass sich viele Probleme von selbst lösen, wenn man seiner inneren Kreativität und seinem Selbstvertrauen Zeit und Raum gibt. Denken Sie daran: Wann kommen Ihnen die besten Ideen? Beim Joggen, unter der Dusche, beim Plaudern mit guten Freunden? Was kann Ihnen helfen, Ihre Perspektive zu ändern und das Problem aus einer neuen lösungsorientierten Sichtweise zu betrachten?

Sich um sich selbst sorgen

Es ist großartig, dass wir großzügig, freundlich zu anderen und bereit sind, ihnen zu helfen. Aber wenn man in einer Krise steckt, ist es wichtig, jeden Tag auf sich selbst zu achten. Stellen Sie sicher, dass Sie ein gutes Mittel zum Stressabbau haben, und machen Sie es sich zur Gewohnheit, mindestens einmal am Tag etwas zu tun, das Ihnen Spaß macht. Machen Sie eine Liste mit Dingen, die Ihnen guttun und Ihnen eine schnelle Entspannung ermöglichen, und nutzen Sie diese im Notfall sofort:

- ein wohltuendes Bad
- ein Saunabesuch
- eine bestimmte Sportart
- das Lieblingsessen
- Hobbys
- Musik
- Bücher
- Freunde
- Sport
- Kurzurlaub – suchen Sie möglichst viele Möglichkeiten zur täglichen Unterhaltung

Ausstehende Entscheidungen fällen

Stress kann dadurch entstehen, dass unsere Entscheidungen von den Entscheidungen anderer abhängen. Wir warten, statt zu handeln. Probleme, die anfangs so klein waren, können dadurch größer werden und zunehmend die Bewegungsfreiheit und Flexibilität einschränken. Erstellen Sie eine Liste aller anstehenden Entscheidungen (beruflich sowie privat). Gewöhnen Sie sich an, mindestens eine Sache am Tag zu tun, Verantwortung zu übernehmen und Entscheidungen selbst zu treffen. Sie können auch zunächst die einfachen Optionen durchgehen und mit jedem weiteren Schritt zu den komplexeren Optionen übergehen.

Beziehungen pflegen

Gute Freunde sind wichtige Schlüssel für eine Resilienz und für die Bewältigung einer Krise. Sie sollten immer wissen, an welche Personen Sie sich im Falle einer möglichen Notsituation wenden können, um Hilfe zu erhalten. Schreiben Sie auf, wen und wann Sie um Hilfe bitten können. Denken Sie außerdem daran, diese Beziehungen zu pflegen. Rufen Sie immer mal wieder Ihre Freunde an und fragen Sie, wie es ihnen geht oder vereinbaren Sie ein Treffen, damit Sie sich wieder richtig austauschen können.

Konzentration auf das, was verändert werden kann

Viele Menschen wenden viel Energie auf und denken über Dinge und Situationen nach, die sie nicht ändern können. Sie reflektieren ihre Vergangenheit und kämpfen mit ihrem Schicksal. Die große Sache besteht darin, sich auf die unveränderlichen Umstände zu konzentrieren. Denn in solchen Momenten handelt man nicht, man reagiert nur. Bleibt man nun mit dem Fokus bei Dingen, die nicht verändert werden können, kann dies zunehmend zu negativen Gedanken führen. Konzentrieren Sie sich also nicht auf das, was Sie nicht ändern können, sondern auf das, was Sie können. Manchmal lohnt es sich, Hilfe in Anspruch zu nehmen, um eine realistische und objektive Einschätzung der Situation zu erhalten. Fragen Sie Kollegen, Freunde und Partner, wie sie Ihre Handlungsfähigkeit in dieser Situation einschätzen würden. Wenn niemand da ist, den Sie fragen können, versuchen Sie, sich in die Lage der anderen Person hineinzuversetzen und sich zu fragen, wie sie die Situation sehen würde.

Praxisorientierte Übungen für persönliches Wachstum und emotionale Stärke

Sie haben nun schon einige Übungen, Tipps und Ratschläge in diesem Ratgeber erfahren, doch es gibt noch zahlreiche weitere Übungen, die besonders das persönliche Wachstum und die emotionale Stärke fördern. Der erste und eigentlich auch bedeutendste Schritt ist die **Selbstliebe**. Denn bei und in uns selbst fängt alles an. Es ist sozusagen ein Lebensthema, diesem Sie sich immer wieder aufs Neue widmen sollten. Lieben Sie sich selbst, möchten Sie auch alles daran setzen, dass es Ihnen gut geht. Nur, wenn Ihr Glas voll ist, können Sie anderen davon abgeben. Nur, wenn Sie sich selbst lieben, können Sie andere lieben und deren Liebe empfangen. Es beginnt bei Ihnen.

Tipps, um die Selbstliebe zu stärken:

- **Selbstliebe atmen:** Atmen Sie tief ein und stellen Sie sich vor, dass mit jedem Einatmen Ihr Körper von Liebe durchflutet wird. Mit dem Ausatmen lassen Sie alles los, was Ihnen nicht mehr dient.

- **Spiegeldate:** Stellen Sie sich ein paar Minuten vor einen Spiegel. Schauen Sie sich dabei tief in die Augen, sehen Sie Ihre Vollkommenheit. Sagen Sie sich selbst, dass Sie sich lieben und stolz sind, dass Sie diese Herausforderung so großartig meistern. Nehmen Sie sich dabei selbst liebevoll in den Arm.
- Nehmen Sie ein gemütliches Schaumbad, mit schöner Musik, einer Duftkerze und einem leckeren Tee.
- Wenn Sie sich abends in Ihr Bett legen und sich zudecken, stellen Sie sich vor, dass Sie sich mit Liebe zudecken.
- Sagen Sie sich selbst liebevolle Sätze.

Übungen für persönliches Wachstum

Verlassen Sie Ihre Komfortzone

In Ihrer Komfortzone fühlen Sie sich wohl und brauchen keine großen Anstrengungen. Sie wissen, was zu tun ist und fühlen sich sicher. Die ist toll und absolut unverzichtbar für Ihr tägliches Wohlbefinden. Das einzige

Problem: Lernen in der eigenen Komfortzone ist nahezu unmöglich, da man hier bereits alles weiß. Um sich weiterzuentwickeln, müssen Sie sich angewöhnen, regelmäßig Dinge zu tun, die etwas außerhalb Ihrer Komfortzone liegen. Gehen Sie an neue Orte, die Ihnen völlig unbekannt sind. Gehen Sie auf Leute zu, die Sie nicht kennen. Tun Sie etwas, das Ihnen ein wenig Angst macht. Probieren Sie eine Sportart aus, die Sie noch nie zuvor gemacht haben. Nehmen Sie ein Thema, von dem Sie nichts wissen, und beschäftigen Sie sich mit diesem. Machen Sie eine neue Erfahrung, die über das Übliche hinausgeht.

Nehmen Sie Positives wahr

Vielleicht gehören Sie zu den Menschen, die dazu neigen, negativ zu denken, dann kann diese Übung hilfreich für Sie sein. Es ist auch ganz einfach: Gewöhnen Sie sich an, jeden Tag Dinge zu fotografieren, die Ihnen gefallen oder die Sie interessieren. Dies kann von einer Pflanze sein, einem Gegenstand oder dem Sonnenuntergang. Es gibt hier keine Grenzen und wenn Sie möchten, können Sie nach einem Monat eine Collage Ihrer Fotos erstellen.

Nehmen Sie eine andere Perspektive ein

Wenn Sie mit einem Thema besonders beschäftigt sind, fragen Sie sich: „Wie sonst könnte ich dieses Thema noch ansehen?" Hier geht es darum, dass Sie versuchen sollten, dieser Situation möglichst viele verschiedene Bewertungen zukommen zu lassen. Sammeln Sie Informationen: Sprechen Sie mit den Menschen, die Ihnen wichtig sind. Suchen Sie im Internet oder in Büchern nach Rezensionen und Gedanken zu diesem Thema. Seien Sie offen für Ansichten, die Ihnen völlig fremd sind, ohne sie zu beurteilen. Fragen Sie sich beispielsweise, wie Ihr Nachbar über dieses Thema denken würde. Oder jemand aus einer anderen Kultur. Auf diese Weise erweitern Sie Ihr Bewusstsein und es fällt Ihnen am Ende leichter, die Perspektive zu ändern.

Übungen für emotionale Stärke

Dankbarkeit praktizieren

Ein wundervolles Tool ist das Führen eines Dankbarkeitstagebuchs. Oftmals sind wir so tief in unserem Mangeldenken, dass wir den Blick für das Schöne in unserem Leben verloren haben. Wenn Sie aber Ihren Fokus wieder mehr darauf legen, was Sie bereits haben, was schön ist und was heute an diesem Tag gut war, erhellt sich auch dadurch automatisch die Stimmung. Bestimmt fallen Ihnen jetzt in diesem Moment mindestens drei Dinge ein, für die Sie dankbar sind. Vielleicht ist es Ihre Gesundheit, Ihre wundervolle Familie, Ihre Kinder oder Ihr Dach über dem Kopf. Je mehr Sie Dankbarkeit praktizieren, desto mehr Dinge fallen Ihnen ein, selbst die vermeintlich kleinen, wie zum Beispiel das schöne Wetter oder dass Sie heute an der Kasse im Supermarkt vorgelassen wurden. Richten Sie Ihren Blick bewusst auf die schönen Dinge in Ihrem Leben, denn: Ihre Energie fließt immer in die Richtung Ihres Fokus, was bedeutet, dass Sie noch mehr Dinge anziehen werden, wofür Sie dankbar sind. Gleiches gilt auch für das Aufschreiben Ihrer Erfolgserlebnisse. Es müssen hier keine großen Erfolge sein, es reichen auch Kleinigkeiten, wie z. B., Sie haben heute erfolgreich einen Social-Media-Detox hingelegt. Oder Sie waren eine Runde joggen. Schreiben Sie alles auf und Sie werden merken, dass jeden Tag noch mehr gute Dinge und Erfolge in Ihr Leben treten. Mit der Zeit können Sie auch immer mehr erkennen, was heute gut war.

Journaling

Das Journaling ist das Festhalten von Gedanken, Ideen, Gefühlen und Erfahrungen in einem persönlichen Tagebuch. Der Schwerpunkt liegt jedoch auf der introspektiven Erfahrung, was es vom klassischen Tagebuch unterscheidet. Es gibt viele verschiedene Formen oder Stile des Journalings und es kann zudem sehr unterschiedliche Lebensbereiche betreffen. Zum Beispiel über persönliche Ziele, Beziehungen, kreative Projekte, persönliches Wachstum oder Reflexion. Das Journaling soll Ihnen dabei helfen, Ihre Gedanken und Gefühle zu erkunden und auszudrücken. Indem Sie sich mit Ihren eigenen Emotionen auseinandersetzen und darüber reflektieren, können Sie ein besseres Verständnis für sich selbst und Ihre eigenen Emotionen erlangen. Journaling kann Ihnen auch dabei helfen, Probleme zu lösen, Stress abzubauen und die Kreativität zu steigern. Schreiben kann auch eine Möglichkeit sein, positive Gewohnheiten wie Dankbarkeit, Selbstbeobachtung und Achtsamkeit zu fördern. Es gibt verschiedene Möglichkeiten zur Protokollierung. Zum Beispiel als tägliche Schreibroutine, als kreative Schreibübung oder als gezielte Reflexion bestimmter Erlebnisse oder Emotionen. Beispielsweise kann es hilfreich sein, eine Morgenroutine zu entwickeln, die das tägliche Tagebuchführen beinhaltet. Der beste Weg, um zu lernen, wie Journaling am besten funktioniert, besteht darin, es auszuprobieren. Es gibt keine festen Regeln für das Journaling und jeder kann es auf seine eigene Weise führen und gestalten, um den Nutzen zu maximieren und persönliche Bedürfnisse und Ziele zu erfüllen.

Entwickeln Sie Optimismus

Emotionale Stärke bedeutet nicht, die Dinge durch eine rosarote Brille zu betrachten und sich nur auf das Positive zu konzentrieren. Eine gesunde Portion Optimismus wird Sie jedoch noch mehr pushen, Ihre Träume wahr werden zu lassen. Betrachten Sie beispielsweise „Probleme" als „Herausforderung", und anstatt zu sagen „Ich werde nie darüber hinwegkommen", motivieren Sie sich mit „Ich werde es jetzt versuchen". Mit ein wenig Optimismus ist alles möglich.

Lernen Sie von anderen

Damit Sie Ihre eigene emotionale Stärke fördern, schauen Sie auf andere. Welche Idole haben Sie, die Sie inspirieren? Suchen Sie nach Menschen, die möglicherweise Ihre Traumziele erreicht haben. Das gibt Ihnen zusätzliche Motivation und hilft Ihnen, die gleichen Eigenschaften zu erwerben, die Sie Ihren Träumen näherbringen. Lernen Sie außerdem, andere für ihre Erfolge zu loben, anstatt sie zu verurteilen. Denn wenn andere es getan haben, können Sie es mit ein wenig Zeit und Übung auch.

Workbook zur Förderung der emotionalen Intelligenz

In diesem Workbook erhalten Sie nochmals wertvolle Übungen, die Sie in Ihrem Alltag ganz leicht durchführen können und die Ihnen dabei helfen werden, Ihre emotionale Intelligenz zu fördern. Dieses Workbook ist so aufgebaut, dass Sie zunächst beginnen, eine Bestandsaufnahme zu machen, so können Sie erkennen, welche Punkte besondere Aufmerksamkeit einfordern. Im Anschluss daran helfen Ihnen Übungen, besonders im Hinblick darauf, mit Emotionen umzugehen und eine Ruhe und Gelassenheit wieder herzustellen.

Modul 1: Bestandsaufnahme und Ermittlung

Machen Sie eine Bestandsaufnahme

Damit Sie Ihre eigene Persönlichkeit weiterentwickeln können, sollten Sie zunächst wissen, wo Sie aktuell stehen. Nehmen Sie sich etwa eine Stunde Zeit, in der Sie ungestört sind. Fangen Sie an, alles aufzuschreiben, was Ihnen in den Sinn kommt, und nutzen Sie hierfür folgende Anregungen:

- Welche Erfahrungen waren in der Vergangenheit wichtig für Sie?
- Persönlichkeitsmerkmale, die Sie auszeichnen
- Listen Sie Ihre Stärken und Ihre Schwächen auf
- Gehen Sie Ihre Interessen, Leidenschaften und Ihre Hobbys durch. Welche sind dies?
- Welche Dinge beschäftigen Sie schon lange?
- Ziele und Träume, die Sie haben, sei es erst seit Kurzem oder schon länger
- Offene Themen aus der Vergangenheit, die noch bearbeitet werden sollten. Gibt es da etwas, das Sie noch in eine Schublade schieben, weil Sie es nicht anschauen möchten? Beispielsweise die Verarbeitung einer Trennung oder gibt es etwas zu verzeihen?

Ihre Notizen können dabei ruhig durcheinander sein, denn es geht nur darum, dass Sie alles aufschreiben. Wenn Sie der Meinung sind, dass Sie genügend aufgeschrieben haben oder die Zeit vorüber ist, legen Sie Ihre Notizen beiseite. Am nächsten Tag wiederholen Sie die Übung.

Lesen Sie Ihre Notizen vom Vortag und vervollständigen Sie diese. Was, denken Sie, fehlt noch? Was sehen Sie heute anders als noch am gestrigen Tag? Welchen Aspekt haben Sie nicht berücksichtigt?

Tipp:
Am besten wiederholen Sie diese Übung eine Woche lang jeden Tag. Dann sollte die Liste vollständig sein. Weiterhin bekommen Sie in dieser Übung auf jeden Fall auch eine Vorstellung davon, an welchen Aspekten Sie arbeiten möchten und welche Themen doch noch in Ihrem Inneren schlummern und bearbeitet werden müssten.

Bewusstmachen der eigenen Emotionen
Damit Sie Ihre Emotionen nicht unbenannt in eine hintere Schublade stecken, ist es hilfreich, wenn Sie sich ihnen bewusst werden und ihnen einen konkreten Namen geben. Nur so kann eine Transformation stattfinden und wieder eine Leichtigkeit eintreten.

So gehen Sie vor:
Setzen Sie sich bequem hin und schließen Sie Ihre Augen. Atmen Sie einige Male tief durch die Nase ein und durch den Mund wieder aus. Stellen Sie sich nun einen Kreis um sich herum vor, in dem Sie stehen. Dieser Kreis symbolisiert Ihre Emotionen. Stellen Sie sich nun folgende Fragen:

- Welchen Namen können Sie diesem Kreis nun geben? Ist es Wut, Angst oder Trauer?
- Welche Farbe hat dieser Kreis? Ist es ein Grauton oder Schwarz?
- Wo können Sie diese Emotionen in Ihrem Körper wahrnehmen? Ist Ihr Hals zugeschnürt oder drückt es in Ihrem Magen?
- Was war der Auslöser für diese Emotion? Welche Ursache liegt hier zugrunde?

Nehmen Sie einfach nur wahr, urteilen Sie nicht über Ihre Emotionen. Lassen Sie sie da sein und bleiben Sie in der Vogelperspektive. Atmen Sie nun in die Körperstellen, in denen Sie die Gefühle und Emotionen wahrnehmen. Stellen Sie sich einen weißen Lichtstrahl vor, der diese Stellen und Ihren gesamten Körper umhüllt. Stellen Sie sich auch vor, wie dieses Licht Ihren Kreis erfüllt. Sobald dieser ganz hell ist, gehen Sie bewusst einen Schritt vor und treten aus. Diese Übung können Sie nun so oft wiederholen, bis alle Emotionen erkannt wurden und einen Namen erhalten haben. Schreiben Sie sich nach dieser Übung ruhig alles auf einen Zettel, so können Sie immer wieder nachschauen, welche Emotionen wo in Ihrem Körper sichtbar sind und was diese mit Ihnen anstellen.

Bewusstmachen der eigenen Krisenfähigkeit
Bei dieser Übung geht es vor allem darum, dass Sie erkennen, wie ausgeprägt Ihre Fähigkeit ist, Krisen zu bewältigen und wie Sie Ihr vorhandenes Wissen in eine aktuelle Krise einbringen können. Doch was ebenfalls sehr wichtig ist, dass Sie sehen können, was Sie bereits alles in Ihrem Leben geschafft haben. Es ist immer auch wichtig, sich für das anzuerkennen, was im Leben mit Bravour gemeistert wurde und welchen Herausforderungen Sie sich schon stellen mussten. Dadurch können Sie auch Ihre bereits vorhandene Stärke erkennen.

Nehmen Sie einen Stift und ein Blatt Papier und beantworten Sie sich bei dieser Übung folgende Fragen:

- Welche kleineren und vielleicht größeren Krisen haben Sie in Ihrem Leben bereits gemeistert?
- Wie würden Sie Ihrem besten Freund beschreiben, wie Sie es gemacht haben und was Ihr Geheimnis für diesen Erfolg war?
- Was haben Sie aus diesen Krisen gelernt, was Sie ohne die Krise heute (auch) nicht tun könnten?
- Wie lassen sich diese Strategien in der aktuellen Krisensituation übertragen und anwenden?

Kompetenzen, Talente und Fähigkeiten verstehen
Nehmen Sie sich ein Blatt Papier und einen Stift und schreiben Sie mindestens 10 Dinge auf, die Sie gut können. Es sollten dabei drei Listen sein:

- einmal für Ihren Beruf,
- Ihre Beziehungen und
- Ihre Freizeitaktivitäten

Das stärkt Ihr Selbstvertrauen und beflügelt Ihren Optimismus. Welche Fähigkeiten sind auch in sogenannten schwierigen Zeiten immer verfügbar? Ist das Ihr Sinn für Humor? Ist das Ihre Ausdauer? Sind Sie stets neugierig und offen für Neues? Bitten Sie außerdem Freunde, Kollegen und Partner,

Bewertungen abzugeben. Fragen Sie beispielsweise, wie diese Personen Sie sehen und was Sie deren Meinung nach auszeichnet.

Sehen Sie sich in einer akuten Krise diese Listen an und stellen Sie fest, dass Sie im Stressfall mehr Möglichkeiten haben, als Sie denken.

Reflexionsfragen

Regelmäßig zu reflektieren, hilft Ihnen nicht nur, die eigenen Gefühle und Emotionen besser kennenzulernen, sondern vor allem sich selbst als Ganzes. Schon der chinesische Philosoph und Schriftsteller Laotse sagte einmal: „Andere zu kennen, ist Intelligenz; sich selbst zu kennen, ist die wahre Weisheit." Beginnen Sie also einmal mit ganz fundamentalen Fragen:

- Was macht Sie glücklich?
- Was bedeutet für Sie Erfolg?
- Worauf legen Sie im Leben wirklich wert?
- Womit sind Sie in Ihrem Leben nicht zufrieden?
- Was möchten Sie in Ihrem Leben verbessern?
- Was müssen Sie hierfür einsetzen?
- Worauf müssten Sie verzichten, um Ihr Ziel zu erreichen?
- Was bereitet Ihnen Sorgen, wenn Sie an die Zukunft denken?
- Wann haben Sie zum letzten Mal Ihre Komfortzone verlassen?
- Was können Sie gut?
- Was bereitet Ihnen Schwierigkeiten?
- Welche Fähigkeiten möchten Sie entwickeln oder ausbauen?
- Wie stehe ich selbst zu Gefühlen und Emotionen?
- In welcher Situation waren Sie sich selbst ein Hindernis?

Modul 2: Übungen und Techniken

Progressive Muskelentspannung

Muskelgruppen zu entspannen, funktioniert am einfachsten, wenn diese zunächst bewusst angespannt werden. Progressive Muskelentspannung nutzt den Effekt der Übertragung der Entspannung von einer Muskelgruppe auf eine andere, gefolgt von einem Entspannungsprozess im gesamten Körper. Dadurch kann der Blutdruck gesenkt werden, die Atmung wird ruhiger und die Herzfrequenz nimmt ab.

So funktioniert die progressive Muskelentspannung:
Die Übungen für die Muskelentspannung sind vorzugsweise im Liegen oder alternativ auf einem bequemen Stuhl durchzuführen. Dazu gehört, jede Muskelgruppe einzeln zu trainieren, sie anzuspannen, die Dehnung für kurze Zeit zu halten und dann zu entspannen. Achten Sie sowohl während der Anspannung als auch während der Entspannung auf die mit der Muskeltätigkeit verbundenen Empfindungen, so können Sie leichter lernen, wie eine erhöhte Anspannung von einer leichten Anspannung unterschieden wird.

1. Schritt:
Beginnen Sie mit dem rechten Arm und spannen Sie diesen an. Halten Sie die Spannung einen kurzen Moment und lassen dann wieder los.

2. Schritt:
Dasselbe machen Sie nun mit Ihrem linken Arm. Spannen Sie an, halten kurz und lassen wieder los.

3. Schritt:
Gehen Sie jetzt zu Gesicht und Hals über, spannen Sie an, halten Sie kurz und entspannen wieder.

4. Schritt:
Spannen Sie in diesem Schritt Ihren Rücken an, halten die Spannung für einen Moment und lassen dann los.

5. Schritt:
Gehen Sie jetzt zu Ihrem Bauch und verfahren Sie ebenso.

6. Schritt:
Die Aufmerksamkeit geht nun zu Ihrem rechten Bein, spannen Sie dieses an, halten die Spannung kurz und lassen wieder los.

7. Schritt:
Machen Sie dasselbe mit Ihrem linken Bein.

8. Schritt:
Im vorletzten Schritt spannen Sie Ihren rechten Fuß an, halten einen kurzen Moment und entspannen wieder.

9. Schritt:
Schließen Sie diese Übung mit dem Anspannen Ihres linken Fußes ab, halten die Spannung kurz und lassen mit der Ausatmung wieder los.

Anmerkung:
Im fortgeschrittenen Training geht es, wie auch im autogenen Training, darum, das Gefühl des „Loslassens" zu visualisieren, damit Sie sich auf diese Weise (z.B. im Alltag) entspannen können.

Feueratmung
Diese Atemtechnik ist eine besondere Form der Ein- und Ausatmung. Das Zwerchfell wird durch ruckartige Stoßbewegungen bei der Ausatmung nach innen gezogen. Dadurch wird eine unglaubliche Energie im Körper freigesetzt und es hilft, bei sich anzukommen und entspannter zu werden.

So funktioniert die Feueratmung:
Für diese Atmung finden Sie zunächst einen bequemen Sitz und richten Sie Ihre Wirbelsäule auf, indem Sie Ihre Schultern einmal zurückrollen. Dadurch kann sich auch der Brustkorb öffnen.

Schritt 1:
Legen Sie eine Hand auf Ihr Zwerchfell.

Schritt 2:
Atmen Sie dreimal tief durch die Nase ein und durch den Mund wieder aus.

Schritt 3:
Schließen Sie nun Ihre Augen.

Schritt 4:
Atmen Sie nun durch Ihren Mund aus und ziehen Sie beim Einatmen durch die Nase Ihren Bauch ein.

Schritt 5:
Atmen Sie nun, so schnell Sie können, ein paar Sekunden durch die Nase ein und wieder aus und schieben Sie ruckartig in Stoßwellen Ihr Zwerchfell

nach innen. Bei dieser Atmung kann es sein, dass Ihre Nase beginnt zu laufen, dies ist völlig normal.

Schritt 6:
Atmen Sie dann zweimal tief ein und wieder aus und starten erneut die Feueratmung für ein paar Sekunden, wie in Schritt 5 beschrieben.

Schritt 7:
Atmen Sie wieder zweimal tief ein und aus und starten Sie die letzte Runde.

Wichtig:
Diese Atemtechnik sollte während einer Schwangerschaft nicht praktiziert werden, ebenso wie die nachfolgende Wechselatmung, da werden Mamas den Atem nicht anhalten dürfen.

Wechselatmung, wenn Sie etwas aus der Ruhe bringt
Die Wechselatmung wird Ihnen dabei helfen, wieder in die innere Balance, Harmonie und das emotionale Gleichgewicht zu kommen. Beide Gehirnhälften können dadurch wieder in Einklang gebracht werden.

So funktioniert die Wechselatmung:
Für diese Atmung verwenden Sie am besten Ihre rechte Hand und Ihren Ringfinger sowie Daumen. Mit Ihrem Ringfinger verschließen Sie nun Ihr linkes Nasenloch, indem Sie leichten Druck auf Ihren Nasenflügel ausüben, sodass keine Luft mehr durchströmen kann. Mit dem rechten Nasenloch atmen Sie nun ein. Nach der Einatmung bringen Sie dann Ihren Daumen zum rechten Nasenloch, verschließen es und heben Ihren Ringfinger vom linken Nasenloch. Atmen Sie nun gleichmäßig aus.

Schritt 1:
Beginnen Sie diese Übung zunächst mit drei tiefen Atemzügen, durch die Nase ein und durch den Mund wieder aus. Verschließen Sie dann mit Ihrem Ringfinger das linke Nasenloch und atmen Sie rechts ein.

Schritt 2:

Verschließen Sie Ihr rechtes Nasenloch mit Ihrem Daumen, heben Sie den Ringfinger von Ihrem linken Nasenloch und atmen Sie links durch die Nase wieder aus.

Schritt 3:
Atmen Sie nun durch das linke Nasenloch ein und verschließen es anschließend wieder mit Ihrem Ringfinger.

Schritt 4:
Atmen Sie rechts aus und wieder ein und verschließen das rechte Nasenloch mit Ihrem Daumen.

Schritt 5:
Machen Sie diese Übung mindestens 3 bis 5 Minuten. Sie können die Wechselatmung auch gerne auf 20 bis 30 Minuten steigern.

Schritt 6:
Beenden Sie die Übung, indem Sie durch das linke Nasenloch ausatmen.

Info:
Das Verhältnis sollte Einatmen – Anhalten – Ausatmen mit 4:4:8 sein. Das bedeutet, Sie atmen 4 Sekunden ein, halten Ihren Atem 4 Sekunden an und atmen 8 Sekunden wieder aus. Steigern Sie langsam auf 4:8:8, dann auf 4:12:8, bis Sie bei 4:16:8 angekommen sind.

Übung vor dem Schlafengehen
Diese Übung eignet sich hervorragend, wenn Sie Probleme damit haben, abends zur Ruhe zu kommen. Gleichzeitig können Sie sich in Reflexion üben.

So gehen Sie vor:
Sobald Sie im Bett liegen, schließen Sie Ihre Augen und gehen Sie Ihren Tag rückwärts, wie in einem inneren Film, durch. Beginnen Sie am Morgen, als Sie aufgewacht sind, und gehen Sie alle Momente, Handlungen, Ereignisse, Erlebnisse und Erkenntnisse durch. Diese Übung unterstützt Ihr Gehirn bei der Verarbeitung und Abschließung des Tages.

Wichtig:
Bewerten Sie Ihren Tag dabei nicht. Sollten negative Gedanken aufkommen, weil etwas passiert ist oder Sie der Meinung sind, etwas hätten

besser machen können, nehmen Sie dies liebevoll wahr, lassen diese Gedanken aber wieder los. Diese Übung ist daher auch ein tolles Tool, um Achtsamkeit zu praktizieren.

URSA-Methode
Diese Methode ist hilfreich, wenn Sie mit Traumata arbeiten und in stressvollen Situationen die emotionale Ladung schnell reduzieren möchten. Wut, Angst, Trauer, all diese Emotionen stauen sich um den Bauchnabel herum, die es zu „entfernen“ gilt.

So funktioniert die URSA-Methode:
Gehen Sie mit Ihren Zeige- und Mittelfingern von beiden Händen zu Ihrem Bauchnabel. Drücken Sie zunächst leicht in Ihren Bauchnabel und fühlen Sie diese Emotionen noch einmal. Mit Ihren Fingern streichen Sie nun diese Emotionen aus Ihrem Bauchnabel in die Seiten des Bauches heraus. Machen Sie dies mehrere Male, bis Sie spüren, dass es leichter wird.

Emotional Freedom Techniques (EFT)
Diese Technik ist auch bekannt als Tapping oder Klopftechnik und eine tolle Methode, um innerhalb kürzester Zeit energetische Blockaden zu lösen. EFT basiert auf der Annahme, dass Blockaden im Energiefluss des Körpers verantwortlich für negative Gefühle und Emotionen sind. Mithilfe dieser effektiven Methode können Blockaden aufgelöst werden, die von bestimmten äußeren Reizen initiiert werden.

EFT wird in drei Hauptphasen unterteilt:

Phase 1: Definieren Sie zuerst Ihr Thema, welches Sie auflösen möchten.

Phase 2: Schließen Sie Frieden.

Phase 3: Stärken Sie Ihr Vertrauen.

So funktioniert EFT:
Suchen Sie sich einen Ort, an dem Sie die nächsten 30 Minuten ungestört sind. Machen Sie sich Ihr Thema bewusst und ordnen Sie es auf einer Skala von 1 bis 10 ein, dabei bedeutet 1 = Das Problem ist aufgelöst und 10 = Das Gefühl ist sehr stark. Beschreiben Sie dieses Gefühl und lokalisieren es in Ihrem Körper.

Beispiel:
Ich spüre die Wut, die mein Partner heute in mir ausgelöst hat, in meinem Bauch und auf meiner Brust lastet es schwer. Die Wut stufe ich auf der Skala auf einer 7 ein.

Phase 1:
Schritt 1: Beginnen Sie die erste Runde damit, dass Sie mit Zeige-, Mittel- und Ringfinger einer beliebigen Hand die Außenkante der anderen Hand, unterhalb des kleinen Fingers, klopfen. Während Sie klopfen, wiederholen Sie folgenden Satz:
„Auch wenn ich ... (setzen Sie hier das negative Gefühl ein) habe/bin, liebe und akzeptiere ich mich so, wie ich bin.“

Beispiel:
„Auch wenn ich voller Wut bin, liebe und akzeptiere ich mich so, wie ich bin.“

Schritt 2: Klopfen Sie nun mit einer Hand Ihre Kopfkrone und sagen Sie folgenden Satz:
„Auch wenn ich ... (setzen Sie hier das negative Gefühl ein) habe/bin, liebe und akzeptiere ich mich so, wie ich bin.“

Beispiel:
„Auch wenn sich mein Magen vor lauter Wut flau anfühlt, liebe und akzeptiere ich mich so, wie ich bin.“

Schritt 3: Klopfen Sie nun mit beiden Händen den Punkt oberhalb Ihrer Augenbrauen und sagen Sie folgenden Satz:
„Auch wenn ich ... (setzen Sie hier das negative Gefühl ein) habe/bin, liebe und akzeptiere ich mich so, wie ich bin.“

Beispiel:
„Auch wenn ich wütend auf meinen Partner bin, liebe und akzeptiere ich mich so, wie ich bin.“

Schritt 4: Klopfen Sie nun mit beiden Händen Ihre Schläfen und sagen Sie folgenden Satz:

„Auch wenn ich ... (setzen Sie hier das negative Gefühl ein) habe/bin, liebe und akzeptiere ich mich so, wie ich bin."

Beispiel:
„Auch wenn sich meine Brust schwer anfühlt und ich kaum Luft bekomme, liebe und akzeptiere ich mich so, wie ich bin."

Schritt 5: Klopfen Sie nun mit beiden Händen den Punkt unterhalb Ihrer Augen und sagen Sie folgenden Satz:
„Auch wenn ich ... (setzen Sie hier das negative Gefühl ein) habe/bin, liebe und akzeptiere ich mich so, wie ich bin."

Beispiel:
„Auch wenn ich gerade Zweifel an der Beziehung habe und an mir, liebe und akzeptiere ich mich so, wie ich bin."

Schritt 6: Klopfen Sie nun mit einer Hand den Punkt unter Ihrer Nase und sagen Sie folgenden Satz:
„Auch wenn ich ... (setzen Sie hier das negative Gefühl ein) habe/bin, liebe und akzeptiere ich mich so, wie ich bin."

Beispiel:
„Auch wenn ich jetzt Angst habe, dass diese Wut etwas kaputt macht, liebe und akzeptiere ich mich so, wie ich bin."

Schritt 7: Klopfen Sie nun mit einer Hand Ihr Kinn und sagen Sie folgenden Satz:
„Auch wenn ich ... (setzen Sie hier das negative Gefühl ein) habe/bin, liebe und akzeptiere ich mich so, wie ich bin."

Beispiel:
„Auch wenn sich diese Wut gerade wie ein Mantel um mich legt, liebe und akzeptiere ich mich so, wie ich bin."

Schritt 8: Klopfen Sie nun mit beiden Händen den Punkt unter Ihrem Schlüsselbein und sagen Sie folgenden Satz:
„Auch wenn ich ... (setzen Sie hier das negative Gefühl ein) habe/bin, liebe und akzeptiere ich mich so, wie ich bin."

Beispiel:
„Auch wenn diese Wut so viel Anspannung in meinem Körper auslöst, liebe und akzeptiere ich mich so, wie ich bin."

Schritt 9: Klopfen Sie nun mit beiden Händen die Außenseiten Ihrer Rippen und sagen Sie folgenden Satz: „Auch wenn ich ... (setzen Sie hier das negative Gefühl ein) habe/bin, liebe und akzeptiere ich mich so, wie ich bin."
Beispiel:
„Auch wenn mich diese Wut jetzt lähmt und einschränkt, liebe und akzeptiere ich mich so, wie ich bin."

Atmen Sie nun nach der ersten Runde tief ein und aus. Fühlen Sie in sich hinein und ordnen Sie das Gefühl jetzt erneut auf einer Skala von 1 bis 10 ein. Wie stark ist es noch? Wiederholen Sie die erste Runde so oft, bis Sie eine merkliche Entspannung Ihrer Emotionen spüren können.

Phase 2:
Schritt 1: Beginnen Sie die zweite Phase, indem Sie wieder die Handaußenkante klopfen und das Gefühl liebevoll annehmen.

Beispiel:
„Eigentlich ist es ok, dass die Wut gerade da ist."

Schritt 2: Klopfen Sie Ihre Kopfkrone und sagen folgenden Satz:
„Ich kann die Wut in meinem Körper spüren und kann sie aushalten."

Schritt 3: Klopfen Sie den Punkt oberhalb Ihrer Augenbrauen und sagen folgenden Satz:
„Meine Wut möchte jetzt einfach nur von mir gesehen werden."

Schritt 4: Klopfen Sie mit beiden Händen Ihre Schläfen und sagen Sie folgenden Satz:
„Vielleicht möchte mir meine Wut auch etwas aufzeigen und sagen?"

Schritt 5: Klopfen Sie den Punkt unterhalb Ihrer Augen und sagen Sie folgenden Satz:
„Ich öffne mich dafür, die Liebe hinter meiner Wut zu erkennen."

Schritt 6: Klopfen Sie den Punkt unterhalb Ihrer Nase und sagen Sie folgenden Satz:
„Mein Körper hilft mir dabei, meine Wut zu erkennen und aufzulösen."

Schritt 7: Klopfen Sie Ihr Kinn und sagen Sie folgenden Satz:
„Ich danke meinem Körper dafür, dass er mir hilft, diese Wut aufzulösen."

Schritt 8: Klopfen Sie den Punkt unterhalb Ihrer Schlüsselbeine und sagen Sie folgenden Satz:
„Es ist ok, dass ich wütend bin. Ich kann auch mit Wut durch meinen Tag gehen."

Schritt 9: Klopfen Sie die Außenseite Ihrer Rippen und sagen Sie folgenden Satz:
„Ich bin bereit, loszulassen."

Phase 3

Schritt 1: In dieser Phase werden die negativen Gefühle und Emotionen aufgelöst und in Vertrauen umgewandelt. Klopfen Sie wieder die Handaußenkante und sagen folgenden Satz:
„Ich vertraue mir und liebe mich so, wie ich bin."

Schritt 2: Klopfen Sie Ihre Kopfkrone und sagen folgenden Satz:
„Ich bin beschützt und geliebt."

Schritt 3: Klopfen Sie den Punkt oberhalb Ihrer Augenbrauen und sagen folgenden Satz:
„Die Welt ist sicher und das Leben ist schön."

Schritt 4: Klopfen Sie mit beiden Händen Ihre Schläfen und sagen Sie folgenden Satz:
„Ich vertraue mir und ich vertraue meinem Partner?"

Schritt 5: Klopfen Sie den Punkt unterhalb Ihrer Augen und sagen Sie folgenden Satz:

„Ich bin dankbar für meine Gelassenheit und meine innere Stärke.“

Schritt 6: Klopfen Sie den Punkt unterhalb Ihrer Nase und sagen Sie folgenden Satz:
„Ich darf voller Leichtigkeit und Liebe durch mein Leben gehen.“

Schritt 7: Klopfen Sie Ihr Kinn und sagen Sie folgenden Satz:
„Ich öffne mich für Frieden und ich öffne mich für neue Lösungen.“
Schritt 8: Klopfen Sie den Punkt unterhalb Ihrer Schlüsselbeine und sagen Sie folgenden Satz:
„Ich bin erfüllt von Dankbarkeit und Liebe. Liebe darf durch mich hindurchfließen und ich bin dankbar für die Heilung.“

Schritt 9: Klopfen Sie die Außenseite Ihrer Rippen und sagen Sie folgenden Satz:
„Danke. Danke für Frieden. Danke für Liebe. Danke für Gelassenheit.“

Tipp:
Schreiben Sie doch einmal alle Ihre Ängste, negativen Emotionen und Gefühle auf und klopfen Sie sie mit EFT einfach weg. Sie werden sehen, wie neue Lebensenergie durch Sie hindurchfließt und eine Gelassenheit sowie Leichtigkeit hervortreten.

Sagen Sie sich Affirmationen zu verschiedenen Lebensbereichen
Mit einfachen Affirmationen, auch bekannt unter dem Begriff „Autosuggestion", können Sie sich selbst den nötigen Schwung geben, den Sie jetzt gerade brauchen, um weiterzumachen. Sagen Sie sich mehrmals hintereinander: „Ich schaffe das, ich kann das." Versuchen Sie, negative Sätze durch positive zu ersetzen und Sie werden sehen, wie viel Energie Sie gewinnen, wenn Sie diese Sätze bewusst sagen. Sie werden es schaffen. Denken Sie jedoch daran, diese Sätze mindestens einmal täglich zu sagen, besser noch mehrmals, und versuchen Sie das, was Sie sagen, zu fühlen. Fällt es Ihnen vielleicht noch schwer, lächeln Sie währenddessen, das versetzt Sie unverzüglich in die richtige Schwingung.

Beispiele:

- Ich bin stark.
- Alles, was ich anpacke, erreiche ich.

- Ich schaffe alles, was ich mir vornehme.
- Ich bin empathisch.
- Ich trete anderen gegenüber mit Mitgefühl auf.
- Ich liebe mich selbst.
- Empathie und Mitgefühl sind meine Stärken.
- Ich habe Mitgefühl mit mir selbst.
- Ich bin ruhig und gelassen.
- Ich ziehe alles an, was ich mir wünsche.
- Meine Selbstliebe lässt mich auch andere lieben.
- Ich bin dankbar für alles, was war, was ist und was kommt.
- Ich begegne mir selbst und anderen mit Wohlwollen.
- Ich kann die Gefühle meines Gegenübers wahrnehmen und deuten.
- Ich schaffe jeden Tag mehr Raum für Empathie und Güte.
- Ich bin gütig.
- Aus meinem Herzen sprudelt eine unendliche Quelle von Liebe und Güte.
- Gute Dinge fließen mühelos zu mir.
- Ich bin der Herr meiner Emotionen und meiner Gefühle.
- Meine Emotionen helfen mir, vollständig zu sein.
- Durch meine Emotionen ist es mir möglich, mich der Umwelt zu öffnen und sie mit anderen Augen zu sehen.
- Meine Gefühle und Emotionen helfen mir dabei, ein verständnisvollerer Mensch zu sein.

Meditation für die Selbstliebe

Wie Sie bereits wissen, beginnt alles bei uns selbst, daher ist die Selbstliebe ein sehr wichtiger Grundpfeiler. Neben den Übungen wie das Spiegeldate sind auch spezielle Affirmationen sehr hilfreich.

Für diese Meditation ist es von Vorteil, wenn Sie sich hinlegen. Achten Sie darauf, dass Ihr Kopf und Ihr Rücken gerade ist und Ihre Arme locker neben Ihrem Körper liegen. Schließen Sie sanft Ihre Augen. Atmen Sie tief in den Bauch ein und durch den Mund wieder aus. Noch einmal tief durch die Nase einatmen und durch den Mund aus. Wiederholen Sie die tiefe Einatmung und Ausatmung ein letztes Mal, bevor Sie Ihren Atmen wieder seinen ganz normalen Rhythmus fließen lassen. Schicken Sie jetzt ein ganz liebevolles Lächeln in Ihre innere Welt und in Ihr Herz. Begrüßen Sie sich in diesem Moment und kommen ganz bei sich an. Stellen Sie sich vor, wie Ihr Herz sich öffnet wie eine Lotusblume und Sie darin empfängt. Fühlen Sie die Wärme und die Liebe, die von Ihrem Herzen ausgeht, und lassen Sie sich umarmen. Stellen Sie sich jetzt eine Treppe vor, die von Ihrem Herzen nach unten geht, und steigen Sie Stufe für Stufe nach unten. Sie fühlen, wie Sie mit jedem Schritt leichter werden, bis Sie unten ankommen. Sie sind nun in einem weiß-goldenen Raum der reinen Liebe und sehen in der Mitte dieses Raumes eine kleine Gestalt. Sie gehen langsam hin und sehen ein kleines Kind. Als Sie vor dem Kind stehen, gehen Sie hinunter auf die Knie und können erkennen, Sie sind dieses Kind. Es lächelt Sie liebevoll an und Sie breiten Ihre Arme aus, um es zu umarmen. Sie spüren, wie sehr Sie dieses kleine Wesen lieben und mit welcher Zuneigung Sie ihm begegnen. Sie sehen sich selbst in die Augen und wünschen nichts anderes als Liebe und Glück. Streichen Sie über den Kopf Ihres kleinen Ichs, schenken Sie die größtmögliche Liebe, denn alles, was Sie diesem kleinen Kind geben, geben Sie in Wahrheit auch sich selbst. Denken Sie daran, Sie sind dieses wunderbare kleine Geschöpf. Fühlen Sie, wie diese Liebe jetzt auch durch Ihr Herz strömt und sich in Ihrem ganzen Körper verteilt. Lassen Sie sie in jede Zelle fließen und spüren Sie die Erfüllung. Betrachten Sie sich als Kind noch einmal mit einer allumfassenden Güte und lösen Sie sich langsam wieder. Sagen Sie dem kleinen Kind, wie sehr Sie es lieben und beschützen und seien Sie sich sicher, dass Sie jederzeit an diesen Ort zurückkehren können, um sich mit dieser Liebe aufzutanken. Gehen Sie nun wieder zurück zur Treppe und steigen langsam wieder Schritt für Schritt hinauf, bis Sie ganz oben angekommen sind. Atmen Sie noch einmal tief ein und aus, öffnen langsam wieder Ihre Augen und kommen zurück ins Hier und Jetzt.

Autogenes Training

Bei einem autogenen Training wird eine Form der Selbsthypnose angewandt, welche das Ziel verfolgt, einen Zustand der Ruhe zu erreichen. In Gedanken setzen Sie eine Suggestion ein, wie beispielsweise „Ich bin entspannt“.

So gehen Sie vor:

Gehen Sie mit Ihrem Fokus zu den einzelnen Körperteilen und entspannen Sie diese gezielt. Spüren Sie dabei, wie Ihre Arme schwer werden, und steigern Sie dieses Gefühl, indem Sie sagen: „Mein Arm fühlt sich ganz schwer an." Sie können auch zu jedem Körperteil folgenden Satz sagen: „Mein ... (beispielsweise Bein) ist jetzt ganz entspannt."

Führen Sie Selbstgespräche

Es mag anfangs gewöhnungsbedürftig sein, doch Selbstgespräche können Ordnung in die Gedankenwelt und die Emotionen bringen. Vielleicht kennen Sie den Satz: „Wenn ich einmal Rat von einem echten Fachmann benötige, frage ich am besten mich selbst." Aufgrund der Individualität eines jeden Menschen ist tatsächlich jeder sein bester Berater. Sie sind sich selbst der beste Zuhörer und wissen, sobald Sie etwas laut aussprechen, wann Sie sich selbst belügen oder zumindest die Wahrheit zu Ihren Gunsten verdrehen. Weiterhin üben Sie zu kommunizieren und lernen von sich selbst. Wenn Sie also alleine sind und über etwas nachdenken, sprechen Sie es aus. Reden Sie mit sich, als wäre ein Gesprächspartner im Raum. Stellen Sie sich Fragen und beantworten Sie diese auch laut. Seien Sie sich selbst der beste und einfühlsamste Zuhörer und Sie werden es auch für andere sein.

Geben Sie Ihrer Kreativität mehr Platz

Mit Kreativität sind nicht gleich Malen, Zeichnen oder handwerkliche Arbeiten gemeint. Es geht um sehr viel mehr, wie beispielsweise im Sport, beim Kochen oder am Arbeitsplatz. Gehen Sie zunächst in sich und stellen Sie sich die Frage: „In welcher Form kann ich selbst Kreativität aufweisen?" Auch die Psychotherapie bedient sich gerne an der Kreativität, denn was vielen nicht bewusst ist: Unsere Emotionen haben einen direkten Zugang zu unserer Kreativität und steuern diese. Dadurch werden die Emotionen direkt aufgenommen und umgewandelt in etwas Kreatives.

So können Sie im Alltag kreativ werden:

Suchen Sie sich ein Rezept aus, dass Sie heute Abend gerne kochen möchten, von dem Sie wissen, dass Sie zumindest einige der Zutaten da haben, ohne vorher einkaufen zu müssen. Die restlichen Zutaten gilt es, nun zu ersetzen. Schauen Sie sich also einmal in Ihrer Küche um, was können Sie stattdessen verwenden? Lassen Sie Ihrer Kreativität freien Lauf. Genauso können Sie auch ohne Rezept einmal Ihre Küche und die Schränke nach Lebensmitteln durchstöbern und schauen, was sich daraus Leckeres zaubern lässt. Wenn Sie dabei auch noch mit sich selbst sprechen, geben Sie Ihren Emotionen einen wunderbaren Kanal.

Die Ressourcen-Dose

Es gehört leider oftmals zur Natur des Menschen, Hindernisse und Probleme zu sehen, auch wenn das Wissen, dass dies uns nicht weiterbringt, vorhanden ist. Der Fokus auf Probleme kann ein wahrlicher Energievampir sein und uns davon abhalten, die nützlichen Dinge zu sehen. Wir sollten daher lernen, trotz der Schwierigkeiten immer nach dem zu suchen, was funktioniert. Dies beschert uns Mut und verhilft zu mehr Resilienz.

So gehen Sie vor:

Sobald Ihnen etwas passiert ist, was Ihnen Freude bereitete oder Ihnen auch gelungen ist, schreiben Sie es auf einen Zettel und werfen es in eine Dose, eine Box oder beispielsweise in ein Sparschwein. Fangen Sie am besten an einem Montag an und lesen Sie dann zum Ende der Woche Ihre Zettel nochmals durch.

- Was ist Ihnen gelungen?
- Worauf sind Sie stolz?
- Worüber haben Sie sich alles gefreut?

Sie können diese Dose auch immer in Stresssituationen hervorholen und anhand Ihrer Zettel neuen Mut und neue Motivation tanken. Gleichzeitig hilft es Ihnen, Ihren Fokus wieder neu auszurichten.

Verfassen Sie sich selbst einen Brief aus Ihrer Zukunft

Der amerikanische Schriftsteller Mark Twain (1835 - 1910) sagte einmal: „Wer nicht weiß, wohin er will, braucht sich nicht zu wundern, wenn er woanders ankommt." In dieser Übung geht es genau darum, den inneren Wegweiser auszurichten.

So gehen Sie vor:

Nehmen Sie sich zunächst einen Stift und ein Blatt Papier. Sie können auch den Brief auf einem Computer tippen, doch das Handgeschriebene hat deutlich mehr Wirkung.

Schritt 1:

Stellen Sie sich vor, es ist heute in einem Jahr und Sie schreiben einem Freund oder einer Freundin einen Brief und berichten darin über alles, was sich in diesem einen Jahr Positives ereignete. Orientieren Sie sich an folgenden Fragen:

- Welche Ziele haben Sie erreicht?
- Welche Wünsche gingen in Erfüllung?
- Welche Art Mensch sind Sie geworden, wo haben Sie sich verbessert?
- Was waren positive Ereignisse und Erlebnisse?
- Wie haben Sie dies alles erreichen können?

Wichtig: Schreiben Sie ausschließlich positive Dinge auf, dieser Brief erhält dadurch eine viel größere Anziehungskraft.

Schritt 2:
Lesen Sie sich Ihren Brief laut vor und markieren Sie nun alle Ziele, die Sie erreicht haben. Schreiben Sie sich diese separat auf ein anderes Blatt.

Schritt 3:
Kreisen Sie nun das für Sie wichtigste Ziel ein. Wo hüpft Ihr Herz vor Freude und Aufregung, wenn Sie daran denken, es erreicht zu haben? Wo möchten Sie Energie reinstecken und wie genau möchten Sie nun dieses Ziel angehen?

Anmerkung:
Dieser Brief verhilft Ihnen, Ihre Ziele, besonders Ihr wichtigstes Ziel, aufzuzeigen und die Weichen zu stellen. Sie können die einzelnen Schritte planen, die zur Erreichung dieses Ziels notwendig sind, und durch dieses aktive Handeln erhalten Sie eine große Portion Motivation.

Emotionale Intelligenz als Schlüssel der Zukunft

Sie haben nun viel über emotionale Intelligenz gelernt. Möglicherweise können Sie bereits einiges bestätigen, während manche Dinge Ihnen vielleicht noch seltsam vorkommen. Dies ist absolut in Ordnung, denn niemand erwartet, dass Sie direkt nach dem Lesen dieses Ratgebers zu 100 % emotional intelligent werden. Niemand kann seine emotionale Intelligenz zu 100 % kontrollieren. Wir dürfen nicht vergessen, dass viele Faktoren außerhalb unserer Kontrolle liegen. Das liegt daran, dass es in unserer angeborenen Natur verankert ist. Natürlich können Sie im Laufe der Jahre lernen, bestimmte Tendenzen zu kontrollieren, und Sie können bestimmte Fähigkeiten sicherlich für eine gewisse Zeit leugnen, aber Sie können sie nicht ausschalten. Emotionale Intelligenz steht immer im Vordergrund und wird sich ihren Weg dorthin immer wieder bahnen. Diese Tatsache müssen Sie akzeptieren.

Lassen Sie das Gelesene aus diesem Ratgeber sich in Ihnen verankern. Machen Sie sich bewusst, dass emotionale Intelligenz nicht schwächt, sondern nur stärkt. Erinnern Sie sich an die spezifischen Vorteile emotionaler Intelligenz und wie Sie sie am besten für sich nutzen können. Je mehr und je öfter Sie sich diesem Thema zuwenden, desto leichter fällt es Ihnen, Ihre emotionale Intelligenz bewusst einzusetzen und so zu steuern, dass es Ihnen Nutzen bringt.

Die emotionale Intelligenz könnte der Schlüssel zu einer erfüllten Zukunft sein. Oder vielleicht ist es nur ein Teil des Puzzles, das uns dabei helfen soll, vollständig zu werden. Es kann anstrengend sein, sein volles Potenzial nicht auszuschöpfen, egal aus welchem Grund. Es ist jedoch wichtig, diese Ursachen zu erforschen und das Potenzial freizusetzen. Nur wenn es uns gelingt, können wir uns frei bewegen, ohne Angst, ohne Zwänge und vor allem ohne das Urteil anderer. Ebenso müssen wir andere nicht mehr verurteilen, weil es einfach keine Rolle mehr in unserem Leben spielt.

Emotionale Intelligenz ist für uns ein gutes Werkzeug, um nicht nur unser wahres Selbst zu finden und unsere Fähigkeiten ohne zu zögern auszudrücken. Emotionale Intelligenz kann Menschen auch lesen, als wären sie ein offenes Buch. Nein, es ist nicht gruselig, es ist befreiend für jedermann. Lassen Sie uns unsere Masken und Rollen, in die wir im Laufe des Lebens geschlüpft sind, aufgeben, sodass wir wieder genau die Rolle einnehmen können, in die wir hineingeboren wurden. Denn was verbirgt sich hinter diesen Rollen? Richtig, das wahre Ich, mit all den Emotionen und dem Potenzial, das uns zur Verfügung steht.

Quellen:

- https://de.wikipedia.org/wiki/Peter_Salovey
- https://de.wikipedia.org/wiki/John_D._Mayer
- https://de.wikipedia.org/wiki/Theorie_der_multiplen_Intelligenzen
- https://open-mind-akademie.de/multiple-intelligenz/
- https://www.humanresourcesmanager.de/leadership/kompetenzen-emotionale-intelligenz-die-erfolgsformel-der-zukunft/
- https://www.cidsnet.de/bildung/unterschied-eq-iq/
- https://www.erziehungstraum.de/emotionen-definition/
- https://schlaganfallbegleitung.de/wissen/thalamusinfarkt#funktion
- https://studyflix.de/biologie/amygdala-3265
- https://karrierebibel.de/wachstum/
- https://greator.com/emotionen/
- https://greator.com/glaubenssaetze/
- https://greator.com/menschen-verstehen/
- https://yogaworld.de/wie-du-dein-herz-fuer-liebe-oeffnest/
- https://www.sgd.de/magazin/leben-lernen/ratgeber/gesundheit-und-soziales/stressmanagement.html
- https://zeitzuleben.de/strategien-fuer-eine-bessere-selbstwahrnehmung/
- https://www.brain-effect.com/magazin/selbstmanagement
- https://www.aok.de/pk/magazin/wohlbefinden/achtsamkeit/selbstreflexion-lernen-und-negative-gefuehle-nutzen/
- https://www.foodspring.de/magazine/selbstreflexion
- https://www.stern.de/gesundheit/selbstreflexion--15-fragen--die-man-sich-im-leben-stellen-sollte-32721340.html
- https://www.lotuscrafts.eu/blogs/blog/chakra-meditation-guide
- https://www.betterup.com/de/blog/emotional-regulation-skills
- https://www.yogaeasy.de/artikel/sieben-auf-einen-streich
- https://www.lernen.net/artikel/selbstreflexion-tipps-uebungen-selbstbewertung-553/

- https://www.studierendenberatung.at/persoenlichkeitsentwicklung/soziale-kompetenz-verbessern/was-ist-soziale-kompetenz/
- https://www.psychologie-heute.de/leben/artikel-detailansicht/42084-empathie.html
- https://www.stepstone.at/Karriere-Bewerbungstipps/effektive-kommunikation/
- https://www.zugspitzakademie.de/vom-konflikt-zur-kooperation/
- https://www.zeitblueten.com/news/konfliktloesung/
- https://www.einstellungstest.de/sozial-kommunikative-kompetenz-kooperationsfaehigkeit/
- https://www.karriereakademie.de/kooperationsfaehigkeit
- https://wiki.yoga-vidya.de/Gesetz_der_Resonanz
- https://www.sessionlab.com/methods/ubung-zum-aktiven-zuhoren
- https://studyflix.de/jobs/karriere-tipps/aktives-zuhoeren-6211
- https://www.roberthalf.com/de/de/insights/karriereentwicklung/emotionale-intelligenz-im-beruf
- https://www.employer-branding-now.de/erfolg-mitarbeiterfuehrung-emotionale-intelligenz-immer-wichtiger
- https://www.skillshare.com/de/classes/Feedback-geben-mit-emotionaler-Intelligenz-Ehrliche-Worte-finden-OHNE-Menschen-zu-verletzen/390151072
- https://www.expertacademy.be/en/blog/13216/emotional-intelligence/how-to-give-emotionally-intelligent-feedback
- https://zeitzuleben.de/emotionale-intelligenz/
- Persönlichkeitsentwicklung: 12 Tipps & 6 Übungen (lernen.net)
- Positiv Denken – so geht's | GESUNDNAH AOK Baden-Württemberg

Wir danken Ihnen für Ihr Interesse und Ihr Vertrauen. Als Dankeschön dafür, haben wir eine besondere Überraschung. Wir haben **ein exklusives Geschenk zum Thema „Emotionale Intelligenz“ für Sie.** Und dieses erhalten Sie vollkommen kostenlos. Das klingt wunderbar? Dann warten Sie nicht lange und holen Sie sich Ihr Gratis-Geschenk.

Hier geht es zu Ihrem Gratis-Geschenk:

https://forms.gle/wWzRxEBoBC9Vy3BS9

1. **Öffnen Sie die Kamera-App auf Ihrem Smartphone und richten Sie die Kamera auf den QR-Code.**

2. **Klicken Sie auf den Link, der Ihnen angezeigt wird und schon werden Sie zur Website weitergeleitet.**